전도, 양육, 비전

부흥을 가져오는 구역공과

"오직 성령이 너희에게 임하시면
너희가 권능을 받고 예루살렘과 온 유대와 사마리아와
땅 끝까지 이르러 내 증인이 되리라 하시니라"

ESP

저자소개

최승범 목사

전남대학교
개신대학원대학교
기독대학인회(ESF) 간사
선교한국 2006대회 조직위원장
기독대학인회(ESF) 총무
"일용할 양식" 편집인 겸 집필자

구역예배/작은성경공부모임
/셀모임을 위한 성경공부

부흥을 가져오는 구역공과

저　　자 ● 최승범
초판발행 ● 2006.12.2
발 행 처 ● 사) 기독대학인회 출판부(ESP)

등록번호 ● 제 12 - 316호

전　　화 ● (02) 989 - 3477
팩　　스 ● (02) 989 - 3385
이 메 일 ● esfpress@hanmail.net
값 ● 3,800원

ISBN 89-89108-48-9

부흥을 가져오는 구역공과

전도, 양육, 비전

구역예배 / 작은성경공부모임 / 셀모임을 위한 성경공부
직장신우회 / 대학청년부 / 그룹성경공부

ESP

목차

머리말

부흥은 구역(셀, 목장, 소그룹)모임으로부터..

올 해에도 어김없이 하나님의 은혜로 특정한 주제를 중심으로 기독대학인회 출판부(ESP)에서 성경공부교재를 만들 수 있게 해주신 하나님께 감사합니다. 본 교재는 구역공과의 형식에 바탕을 두고 만들어 졌으나, 교회의 구역에서 뿐만 아니라 각 종 모임(셀, 목장, 소그룹)에서도 편안하게 그룹성경공부를 이룰 수 있도록 만들어진 교재입니다. 하나님의 말씀을 중심으로 소그룹 모임을 이루어 부흥하는 교회되도록 돕는 교재가 되었으면 좋겠습니다.

부흥은 성령께서 주도하십니다. 성령께서 주도하지 않으신 부흥은 거짓부흥입니다. 사람이 잘 기획한 이벤트 형 종교적 집회는 진정한 부흥이라 말할 수 없습니다. 그렇다면 부흥을 주도하시는 성령의 일하시는 주요한 도구는 무엇입니까? 하나님의 말씀입니다(엡 6:17하). 그러므로 부흥을 원한다면 하나님의 말씀이 충만한 교회가 되도록 해야 합니다. 모든 성도가 말씀의 충만을 받고 성령의 인도하심을 받도록 해야 합니다. 말씀이 있는 곳에 성령의 강력한 역사가 일어나고 교회는 부흥하기 때문입니다.

본 교재는 예수님을 믿고 그리스도인이 된 성도가 실제적인 삶의 현장에서 어떻게 살아야 할 것인지에 대한 성경적인 답을 제시하고자 만들었습니다. 예수님의 복음을 알고 전도하는 성도, 예수님의 제자들의 삶을 이해하고 그런 제자가 되기 위하여 노력 하며 사는 성도, 성서한국과 세계선교의 비전가운데서 예수님의 지상명령성취를 위해 헌신하는 성도의 삶을 살도록 4가지의 큰 주제로 구성하였습니다. 복음전도, 제자양육, 성서한국, 세계선교라는 4가지의 큰 주제와 특별한 절기(신년, 고난주간, 추수감사절, 성탄절, 송년)에 따라 성경을 서로 공부하며, 실제적인 삶에 적용하고, 삶을 나누는 구역 또는 소그룹(셀, 목장)모임을 이룰 수 있도록 구성한 것입니다. 그러므로 52주 동안 이 교재를 통하여 성경공부와 삶을 나누는 구역 또는 소그룹(셀, 목장)모임을 이루게 된다면, 성도 각 개인이 말씀으로 충만하게 되고 성령의 인도하심을 받아 영적으로 성장하게 될 것이며, 예수님의 제자로서의 충성된 삶을 살게 될 것입니다. 그러므로 교회는 자연스럽게 부흥하게 됩니다.

본 교재를 집필하는데 도움을 주신 ESF의 손석태 이사장님과 여러 이사님들, 임성근 대표님과 여러 동역자님들에게 진심으로 감사드립니다. 또한 출판제작에 애쓴 출판부(ESP)의 박종광, 김진숙, 기현선 간사님과 사랑하는 아내 서미경과 세 딸(혜진, 희, 예선)들에게 고맙고 감사한 마음을 전합니다.

본 교재를 통해 하나님께서 영광을 받으시길 바라며 성도 각자가 영적으로 성장하고 예수님의 제자로서의 충성된 삶을 살기를 바랍니다. 그리하여 미력하나마 부흥과 성장에 성령의 도구로 본 교재가 사용되어지기를 바랍니다.

2006년 12월

최승범 목사

구역예배는 이렇게

"네가 죽도록 충성하라. 그리하면 내가 생명의 면류관을 네게 주리라" (계2:10)

1. 구역 예배 목적

구역 예배의 목적은 친교, 전도, 교육입니다. 같은 하나님의 권속으로서 성도들 서로의 형편을 알고 기도해주며 그리스도의 사랑을 실천하는 친교는 주로 구역 예배를 통하여 이루어집니다. 그러므로 구역 예배시 성도님의 가정형편을 묻고 기도하며 풍성한 음식 교제를 나눔은 매우 유익합니다. 은혜가 풍성한 교제는 곧 전도로 이어집니다. 영혼을 구원하는 전도야말로 하나님 나라 건설의 초석이요 주님의 최대 명령입니다. 성경 찾기, 주일성수, 십일조 헌금, 교회 특성, 목사님의 목회방침, 주의 종 섬기기, 교회 행사 등 중요한 교회 교육이 구역 예배를 통하여 자연스럽게 이루어집니다.

2. 구역예배 순서

(시작 시간, 마치는 시간을 잘 지킴이 잘 모이게 하는 지혜입니다. 시작 시간을 정확히 지키십시오. 새 회원이 있으면 간단히 소개합니다.)

묵상 기도 다같이 묵상기도 한 후 예배 인도자(구역장)가 짧고 간절하게 기도합니다.

찬　　송 구역에 알맞은 찬송이나 복음성가를 우리 구역 찬송으로 정하여 일년 내내 부름이 좋습니다.

대표 기도 순서를 정하여 돌아가며 기도하면 기도 훈련이 됩니다. 3~5분 정도가 좋습니다.

찬 송

시기 적절한 찬송을 미리 정하여 부릅니다. 구역공과에 찬송가가 실려 있습니다.

교회를 위한 기도

우리 교회 기도제목을 가지고 3~5분 동안 다같이 합심하여 기도합니다. 때로는 한 사람씩 돌아가며 전원이 다 기도함도 은혜롭습니다.

담임목사님을 위한 기도

교회 부흥의 열쇠는 담임 목사님의 성령충만과 성도님들과 담임 목사님의 단합에 있습니다. 그러므로 온 성도님들이 담임 목사님을 위해 힘써 기도하고 담임 목사님이 성도님들을 위하여 간절히 중보기도함은 교회 성장의 지름길입니다. 다같이 3~5분간 기도하고 한 분이 마무리 기도함이 좋겠습니다.

성경 봉독

성경봉독을 맡은 구역원이 봉독해도 좋고 모두 한 절씩 돌아가며 윤독해도 좋습니다.

성경 공부

'다같이 풀어봅시다' 부분을 그룹 토의 식으로 공부합니다. 〈그룹 성경공부 인도요령〉을 참조하여 재미있고 유익하게 성경본문을 중심으로 공부합니다. 대화가 풍성할수록 좋습니다. 그러나 너무 말이 길어지면 조절하도록 말해줘야 됩니다. 왜냐하면 성경공부가 지루해지면 안되기 때문입니다. 너무 말을 안하고 얌전을 빼는 사람은 성경 참고 구절을 읽도록 권면해 보십시오. 한번 시작하게 되면 말을 하게 됩니다.

메 시 지

가장 은혜가 충만한 분에게 메시지를 읽도록 합니다. 강조해야 할 부분이 있으면 사회자가 간략한 말로 강조해 줍니다.

공동 토의

'나누어 볼까요' 문제는 성경의 교훈을 토대로 현재 우리의 삶에 적용시켜 보는 문제입니다. 그러므로 성경의 교훈과 우리의 삶과 연결시켜 잘못된 것은 고치고 회개하며, 혼란스러운 것은 말씀으로 분명한 방향을 잡고, 잘 몰랐던 것은 바로 알고 결단하고 나가야 됩니다. 인도자의 말이 매우 중요한 시간입니다. 특히 메시지에 제시된 방향을 잘 적용하도록 도우시기 바랍니다.

전도 보고 구역전도 계획, 전도보고 시간을 갖고 전도를 위해 기도합니다.

합심 기도 말씀에 기초한 적절한 기도 제목을 찾아 합심하여 기도합니다. 전체 통성 기도도 좋고 한 사람씩 돌아가며 기도해도 좋습니다. 또는 짝 기도도 좋은 기도 방법입니다.

특별 기도 구역원 가정에 특별히 기도할 기도 제목이 있으면, 기도 제목을 제시하고 온 구역식구가 합심하여 기도해주면 그 성도님은 매우 감사해 할 것입니다.

찬 송 말씀 은혜가 충만한 시간이므로 말씀을 생각하며 힘차게 찬송합니다.

폐회 기도 주님 가르쳐주신 기도로 다같이 기도하며 폐회합니다. 때로는 구역장의 간단한 기도로 폐회합니다.

풍성한 음식 교제 구역 예배의 가장 큰 목적은 친교와 전도입니다. 폐가 되지 않는 선에서 풍성하게 음식을 나누며 교제할 때 천국의 기쁨을 누리게 될 것입니다.

3. 은혜로운 구역 예배를 위하여

· 구역 인원수는 3~7명으로 시작함이 좋습니다. 그러나 열심히 전도하여 10~30명이 되면 하나님과 목사님으로부터 큰 상급이 있을 것입니다.

· 구역 예배 날짜와 시간을 정합니다. 자주 바뀌는 것은 좋지 않습니다.

· 부부 참석을 원칙으로 부부가 함께 참석하면 구역 예배가 풍성해지고 힘이 있게 됩니다.

· 구역예배는 1시간 정도, 교제는 30분 정도가 좋으나 구역 형편에 따라 조정하면 됩니다.

· 구역장이 구역원들을 잘 권면하여 전원 참석, 52주 무결석, 개근하도록 돕고자 하면 그 믿음대로 됩니다.

· 불가피한 사정으로 결석한 분은 반드시 따로 보강 공부하고 특별교육하면 결석하지 않게 됩니다.

· 1년에 한두번은 야유회, 볼링등의 교제가 구역 활성화에 도움이 됩니다. 그런 계획이 있으면 목사님과 미리 상의함이 보기에 좋습니다.

· 구역 찬양 발표회, 구역 특송이 있을 때는 온 정성을 다하여 준비하여 구역원의 영적 힘을 결집시킴이 지혜입니다.

· 은혜로운 구역 예배는 곧 셀(Cell) 목회, 목장 목회등의 기초가 됩니다.

· 충성을 다하여 각 구역에 하나님의 은혜가 충만하고 교회가 부흥하고 이 땅에 민족복음화, 세계선교가 이루어지기를 두 손 모아 기도합니다.

"네가 죽도록 충성하라, 그리하면 네가 생명의 면류관을 네게 주리라."
(계2:10)

소그룹 인도법

I. 왜 그룹성경공부를 하는가?

1. 가장 부담 없는 편안한 성경공부 방법이기 때문이다.

많은 분들이 성경을 공부하고 싶어 한다. 그런데 혼자 성경을 읽어보자니 너무 어려운 것 같고 딱딱하다. 남들은 놀라운 진리가 있다고 하는데 자기 눈에는 잘 보이지 않고 의구심이 생길 때가 많다. 되도록 부담 없이 공부하고 싶어 한다. 그룹 성경 공부는 이러한 분들에게 적합한 성경공부 방식이다.

2. 교제를 겸한 성경공부 방법이기 때문이다.

하나님께서는 사람을 지으실 때 하나님의 형상대로 만드셨다. 그 이유는 피조물의 대표가 되게 하고 창조주 하나님과 교제가 이루어지도록 하기 위함이다. 그러므로 하나님과 교제하고 사람들과 교제할 때 인생의 참 기쁨과 만족을 누리게 된다. 처음 성경 공부하는 분들이 하나님과 사귀는 법, 사람과 사귀는 법을 익히기에는 어려움이 많다. 그러나 자기 그룹의 신앙심 깊은 분들과 사귐을 가지면서, 영적인 세계가 있다는 것도 알게 되고, 하나님과 관계를 갖게 되는 것이다.

3. 신앙성장을 도와주는 성경공부 방법이기 때문이다.

① 성경을 보는 눈이 크게 성장한다. 똑같은 본문에서 내가 감히 상상도 하지 못했던 진리를 발견하여 발표하는 것을 듣고 있을 때, 번쩍 하는 영감을 얻는다. 아주 평범한 부분의 말씀 속에서 자기에게 적절한 진리를 찾게 되었을 때 사고의 폭과 삶의 힘이 길러지게 된다.

② 신앙과 인격이 크게 성장한다. 사람은 대개 자기가 좋아

하는 것만 지나치게 좋아하는 경향이 있다. 그래서 한쪽으로 치우친 사람이 되기 쉽다. 특히 대화에 그것이 나타난다. 어떤 분은 정서가 불안해서 남의 얘기를 도무지 들어주지 못하거나 듣더라도 끝까지 들어주지 못하는 분이 있다. 그러나 그룹성경공부를 통해 발표하고 듣기도 하면서 도량이 넓은 인격자로 성장하게 된다. 또한 자기 생각을 발표하면서 확신 있는 신앙인으로 성장하게 된다.

③ 인간에 대한 이해가 깊어지게 된다. 그룹 성경공부를 하는 동안 서로 관계성이 생기면서 비로소 대화다운 대화가 시작된다. 흉금을 털어놓고 대화를 하면서 인간에 대해 참다운 이해가 있게 된다. 참다운 인간 이해가 없기 때문에 자녀 교육, 친구 관계, 가족 관계 등 인간관계에 실패하는 사람들이 많다. 그러므로 그룹 성경 공부는 한마디로 전인 교육이 이뤄지는 산 교육장이요, 그 이상으로 영적 생명수를 얻게 되는 생명의 샘터가 된다.

Ⅱ. 그룹 성경공부를 어떻게 인도할까?

1. 그룹성경 공부 전에 준비한다.

그룹 성경공부의 성패의 관건은 인도자에게 달려있다. 특히, 인도자가 어떻게 준비하고 어떤 자세로 이 모임을 인도하는 가에 따라 모임의 분위기가 달라진다.

① 먼저 기도로 준비하라. 모임이 솔직하고, 진지한 모임이 되도록 기도하고, 참석자 한 사람 한사람에 대하여 깊이 이해하고, 그들의 영혼의 욕구가 무엇인지 분별하도록 기도하고, 성령님의 인도하심을 간구하라.

② 성경 본문에 대한 깊은 묵상이 필요하다. 준비 공부와 참석자들의 영혼을 생각하며 본문말씀을 묵상하면 인도할 때 크게 도움이 된다. 인도자의 준비성 있는 자세와 본문에 대한 깊은 이해는 참석자에게 매우 좋은 영향력을 미치게 될 것이다.

③ 성경공부장소에 미리 와서 공부하기 좋은 분위기를 만드는 것이 중요하다. 주위 환경이 무질서하면 주위가 산만해 진

다. 좌석 배치는 둥그렇게 앉는 것이 좋고 인도자는 모든 사람을 바라보는 곳에 앉는 것이 좋다. 조명, 환기, 온도조절에도 신경을 쓴다. 그러나 가장 관심을 쏟을 것은 영적 분위기로서 적절한 찬송, 기도, 조용히 성경 읽기, 성경 묵상 등의 분위기를 이뤄 놓아야 한다.

2. 새로 온 회원을 적절하게 맞이한다.

새로 온 회원이 있으면 오는 즉시 인사를 나누고 간단히 소개한다. 공부 도중에 오는 경우에도 분위기에 따라 적당한 기간에 소개하면 좋다. 그리고 새 회원의 인적 상황, 신앙 경력 등을 빨리 파악하여 전 회원에게 잘 소개함이 중요하다. 새 회원이 소외감을 갖지 않도록 섬세한 관심으로 대하고 정성을 쏟지 않으면, 다음에는 나오지 않게 된다. 그리고 다음 모임하루 전에 전화 연락을 하여 참석하게 하는 것도 새 회원을 돕는 지혜이다.

3. 그룹성경공부의 실제적인 진행

① 정해진 시간에 정확하게 시작한다. 그렇지 않으면, 시간관념이 해이하여 모임 갖기에 애를 먹게 된다. 극소수가 왔다 하더라도 정해진 시간에 정확히 시작하면 다음 모임에 놀라 우리 만치 시간을 지키게 된다. 인도자가 솔선수범하여 시간을 지키지 않으면 신임을 잃기 쉽다.

② 먼저 기도로 시작한다. 시작 기도는 간결하고 단순해야 한다. 성경 공부 시작 기도는 성경 저자인 성령님께 의지하는 간결하고 단순한 기도로 시작되어야 한다(시 119:18).

③ 성경본문을 읽는다. 읽는 방법을 다양하게 함으로 모임의 매너리즘(Mannerism)에서 벗어날 수 있다.돌아가면서 한 절씩 또는 한 회원이 읽기 또는 두절씩 읽기 종종 한두 번씩은 극적인 장면일 경우 입체적으로 읽는 것도 좋다.

④ 인도자가 본문 공부의 주제에 대하여 간략하게 이야기를 한 다음 한 문제씩 풀어 나간다. 어떤 회원들은 '문제의 핵심을 잘 모르고 변죽을 울리는 경우는 많다. 그 때에는 문제의 핵심 부분에 액센트를 넣어 다시 읽어줌으로써 주의를 주제로 이끌어 올 수 있다.

⑤ 회원들 수준에서 성경본문을 풀어 가도록 애쓴다. 그러나 초보자에게 신학의 난제를 애써 설명하려 한다면 모임은 금방 말쟁이들의 모임이 되어 버리거나 이질감을 느끼는 모임으로 굳어져 버릴 것이다. 그러므로 나는 비록 잘 알고 있을지라도 모르는 입장에서 적절한 질문을 던져 주제에 접근하도록 도와주어, 그들 자신이 움켜잡도록 하면 즐거운 성경 공부 모임이 될 것이다. 그러나 경우에 따라서는 인도자가 명확하게 설명해야 할 부분도 있다. 그러므로 인도자는 기계적으로 문제에 너무 매이지 말고, 융통성을 가지고 진리를 탐구하는 자유로운 분위기를 염두에 두어 확신 있게 인도해 나 갈 때 좋은 결과를 얻게 될 것이다.

⑥ 성경공부 끝날 즈음에서는 인도자가 그 날 공부를 정리해 준다. 그 날 제목과 연관되는 핵심 진리를 강조하고 우리의 삶에 적용하며 끝맺음을 잘해주면, 비록 공부가 산만했을 지라도 공부가 잘 정리된다.

⑦ 끝날 때도 기도로 끝낸다. 대표자가 기도해도 좋고 회원중 한 분 또는 두 세분의 기도로 끝낼 때, 성경공부가 단지 지식 공부로 끝나지 않고 영혼의 양식을 얻는 공부로 발전하게 된다. 경우에 따라서는 전원 합심 기도하면서 눈물로 통회기도를 할 필요성이 있다. 영혼을 뒤흔드는 눈물어린 기도를 통해 하나님과 막혀있던 영혼들이 돌아오는 경우가 너무너무 많다.

4. 성경공부 끝난 후 신앙적인 상담 또는 교제를 한다.

성경 공부를 너무 길게 갖지 않고, 성경공부 후 교제를 중요시하고 말씀에 기초한 대화나 또는 화음을 맞춰 함께 찬양, 또는 새로운 전도 계획, 또는 사귐의 계획을 세우면 몹시 즐거워하고 좋은 모임으로 성장해 갈 것이다.

5. 성경공부 끝나는 시간을 지킬 때 모임이 더 활발해진다.

몇 문제를 풀다가 약속된 시간이 되어 가면 5분전쯤 인도자가 나머지 문제를 요약 설명해 주고 끝내는 것이 오히려 유익하다. 약속된 시간을 넘어서까지 열심히 공부하면 얻는 것도 있지만, 잃는 것도 많게 된다. 특히 지속적인 모임 갖기가 어려워질 수 있다.

Ⅲ. 성경공부 인도자의 자세

1. 분명한 목적의식이 있어야 한다.

참석한 모든 분들이 예수님을 인격적으로 만나서 새 생명을 얻도록 힘써야 한다.

2. 활발한 대화가 이루어지도록 힘써야 한다.

인도자가 강의를 하고 너무 아는 체 많이 할 때 회원들은 입을 다물기 시작한다. 회원들이 너무 말이 없으므로 강의식으로 인도하게 되는데, 경우에 따라서는 강의식이 필요할 때도 있다. 참석자 수가 너무 많을 때라든지 참석자가 너무 어린 사람일 때는 하나씩 가르쳐야 할 때도 있다. 그러나 대화가 풍성히 이루어지도록 힘써야 한다.

3. 무감각한 인도자가 되지 않아야 한다.

분위기를 읽지 못하고 인도할 때처럼 본인도 힘들고 옆에서 보기 힘든 경우는 없다. 그러므로 인도자는 회원 전체의 표정을 읽으며, 그들의 이해 여부와 빨리 끝나기를 바라는지, 좀 속도 있게 진행하기를 바라는지를 알아야 한다.

4. 모든 회원을 동참하도록 인도해야 한다.

어떤 경우는 인도자가 대답할 수 있는 것도 다른 분에게 부탁하면 좋다. 그리하여 한 사람도 빠짐없이 전원이 대화에 동참토록 사람들을 끌어들이는 기술을 배우기에 힘써야 한다.

5. 유머 감각을 기르도록 힘써야 한다.

Ⅳ. 성경 공부 시 어려운 문제점들

1. 입이 무거운 회원들이 많을 때

① 대화에 조력할 수 있는 사람 한두 분에게 미리 대화에 적극 동참토록 부탁하면 좋다.
② 시사성 있는 화제로 돌렸다가 대화의 분위기를 이룬 다음 공부에 들어가도 좋다.
③ 질문을 바꾸어 그 사람에게 적절히 물어보는 것도 좋은 방법이다.
④ 성경 몇 구절을 읽도록 부탁하는 것도 좋다.
⑤ 대부분 처음 온 분은 분위기를 탐지하고 있는 중이므로, 갑자기 질문을 던지지 말고 적당한 기회에 말할 기회를 만들어 주어야 한다. 질문에 즉시 대답이 안 나오더라도 충분히 기다려야 한다.
⑥ 인도자가 신경질이 나더라도 화내지 말고 인내하여 잘 인도하면 좋아질 수 있다.
⑦ 왜 말이 없는지 잘 분석해 보고 대책을 상의해 봄이 좋다. 그러나 말없는 사람들이 의외로 깊이 듣고 있는 사람도 있다는 것을 알아야 한다.

2. 말이 많은 회원이 있을 때

모임을 완전히 독점하고 엉뚱한 곳으로 이끌고 갈 때 인도자가 구경하고 있으면 안 된다. 얼마만큼 듣고 있다가 "참 재미

있는 의견이군요. 다음 기회에 한 번 들어 보기로 합시다. OO님은 어떻게 생각하시지요?" 하고 적당한 곳에서 말을 끊고 전체 회원이 공감하도록 돕는다.

3. 곁가지를 치는 사람이 많을 때, 어려운 질문을 받을 때

너무 묵살하면 인도자의 차가움을 싫어할 것이므로, 간단히 대답할 수 있는 것이면 대답해주고, 중요한 문제이면 기록하면서, "다음에 연구해서 대답해 드리겠습니다"라고 성의를 보인다.

4. 언쟁이 일어날 때

양쪽 의견을 듣게 한 후 성경 말씀으로 주의를 집중시키고 해결될 수 있는 것이면 명확한 대답을 내리고, 해답이 어려운 것은 다음 기회로 일단 미루는 것이 현명하다.

5. 회원이 많을 때

회원이 너무 많으면 모임을 둘로 나누는 것이 좋다. 그러나 우연히 많을 때는 평소처럼 진행하고 새로 온 분에게 관심을 갖는 것이 좋다.

6. 회원이 적을 때

회원이 너무 적으면 만족스러운 그룹 성경 공부가 이루어지지 않는다. 회원을 더 많이 확보하도록 힘쓰고, 일단 나온 분이 중요함으로 단 한 명이 왔을지라도 성심 성의껏 말씀을 공부하면 다음에는 수가 늘어날 것이다.

* 이글은 구역공과 시리즈 1(한의수 저)에서 요약, 발췌한 것입니다.

구역공과

전도, 양육, 비전

제 1 과

사람들이 가는 길

본문 / 시편 1:1~6 찬송 / 358장, 235장

새해, 하나님이 주시는 복을 받아 복 있는 사람으로 풍성한 하나님의 은혜를 누리시길 기도합니다. 한 해 동안 구역(셀, 목장, 소그룹)모임을 위한 성경공부는 전도, 제자양육, 선교, 성서한국의 네 가지 주제 입니다. 오늘은 한해를 계획하고 나누는 비전과 축복의 시간으로 사람들이 가는 길이 어떤 길이 있는지 살펴봅시다.

같이 풀어봅시다

의인의 길

1 어떤 사람이 복 있는 사람입니까(1,2절)?

2 복 있는 사람의 삶은 어떠합니까(3절)?

3 복 있는 사람의 인생의 결과는 어떻게 됩니까(6절 상)?

악인의 길

4 악인은 어떤 사람이라 할 수 있습니까(1,2절)?

5 악인의 삶은 어떠합니까(4절)?

6 악인의 삶의 결과는 어떻게 됩니까(5,6절 하)?

메시지

사람은 어떤 인생길을 걸었느냐에 따라 평가를 받습니다. 시편 1편은 복 있는 사람(의인)과 악인을 정의하고 그들의 삶과 삶의 결과가 어떠한지를 노래하면서 복 있는 자의 삶, 즉 의인의 길을 걸으라합니다. 사람들이 가는 두 길을 살펴보면서 의인의 길을 가고자 하는 결심을 하시길 바랍니다.

의인의 길

의인의 길은 여호와께서 인정하시는 길입니다. 그 길은 복 있는 사람이 가는 길입니다. 복 있는 사람은 소극적인 면에서 악인의 꾀를 좇지 아니하고 죄인의 길에 서지 않으며 오만한 자의 자리에 앉지 않습니다. 적극적인 면에서는 오직 여호와의 율법을 즐거워하며 그 율법을 주야로 묵상합니다. 하나님의 말씀을 공부할 때 세상의 그 무엇으로도 대체할 수 없는 기쁨을 누립니다. 말씀을 읽고 연구하고 깨닫고 적용하기에 힘을 씁니다. 의인의 길은 행복한 길입니다. 시냇가의 심긴 나무처럼 풍성한 인생을 삽니다. 인생이 형통합니다. 형통한 인생이란 주 안에서 인생의 목표를 성취하는 것입니다. 하나님의 뜻을 받들어 섬기는 것입니다. 요셉은 인생이 형통한 자였습니다. 그는 노예로 팔려왔지만 이집트의 총리가 되어 부귀영화를 누렸습니다. 그러나 그것이 전부가 아니었습니다. 그는 자기 민족을 기근으로부터 구원하는 하나님의 뜻을 받들어 성취하였습니다. 다윗도 이와 같은 인생을 살았습니다(행 13:36).

악인의 길

악인의 길은 망하는 길입니다. 악인은 하나님의 말씀대로 살지 않고 자신들의 생각이나 의지, 욕심에 따라 삽니다. 하나님의 말씀대로 사는 사람들을 비웃고 조롱합니다. 이들은 궁극적으로 하나님의 말씀을 무시하며 하나님을 대적합니다. 이러한 악인은 바람에 나는 겨와 같이 이리저리 날려 다니다가 결국은 더러운 시궁창에 들어가기도 하고 모아져 불에 태워집니다. 세상의 철학과 유행을 좇다가 결국은 망하는 것이 악인의 길입니다. 악인의 길은 불행한 길이며 하나님의 심판을 견디지 못하는 길입니다. 심판을 받을 때 구원을 얻지 못하고 정죄를 받으며 의인의 모임에 참여하지 못하고 멸망으로 나아갑니다. 그러므로 우리는 의인의 길로 나아가야 합니다. 복 있는 사람으로 살아야 합니다. 선택은 우리에게 달려 있습니다. 새해 의인의 길로 갈 것인지 악인의 길로 갈 것인지 분명한 결단과 자세로 한해를 계획하고 살아야 하겠습니다.

나누어볼까요?

의인의 길을 걷는 복 있는 사람으로 살기 위한 새해의 계획은 무엇입니까?

합심기도합시다

1. 한 해 동안 말씀을 즐거워하며 주야로 묵상하는 자 되도록
2. 함께 모인 성도와 지체들의 한 주간의 기도제목을 나누고 기도

제 2 과

전도란 무엇인가?

본문 / 마태복음 28:18~20; 마가복음 16:15; 사도행전 1:6~8; 고린도전서 1:21
찬송 / 49장, 259장

새해를 시작하면서 전도에 관하여 나누고자 합니다. 전도하기 매우 어려운 시대이지만 현재의 상황에 절망할 수 없습니다. 왜냐하면 주께서 복음을 전하라 하셨고 복음에는 구원을 가져오는 능력이 있기 때문입니다. 전도란 무엇인가 살펴봅시다.

같이 풀어봅시다

복음의 증인으로 사는 것

1 예수께서 사랑과 말씀으로 양육한 제자들에게 최종적으로 하신 말씀은 무엇이었습니까(마 28:18~20;막 16:15)?

2 예수께서 하늘로 올라가시기 직전까지 제자들의 관심사는 무엇이었습니까(행 1:6)?

3 예수께서 하늘로 올라가시기 직전 모인 무리들에게 권면하신 말씀은 무엇이었습니까(행 1:7,8)?

하나님의 영혼 구원방법

4 이 세상이 자기의 지혜로 하나님을 알 수 있습니까(고전 1:21상)?

5 하나님께서는 무슨 방법으로 사람들을 구원하시고자 하셨다는 것을 알 수 있습니까(고전 1:21하)?

6 전도는 세상이 볼 때 미련한 것처럼 보이지만 영혼구원을 위한 하나님의 방법이라는 것에 대해 어떻게 생각하십니까?

메시지

세상은 매우 빠른 속도로 변하고 있습니다. 최신 휴대폰을 비싼 값에 구입하면 곧 신제품이 출시되어 내가 가진 것은 구형이 되고 맙니다. 전도의 대상들인 사람들도 매우 빠르게 변하고 있습니다. 그러기에 전도하기가 매우 어렵습니다. 그러나 전도를 포기할 수 없습니다. 우리가 세상의 변화에도 포기할 수 없는 전도란 무엇입니까?

복음의 증인으로 사는 것입니다.

복음의 증인으로 산다는 것은 예수께서 이 땅에서 최종적으로 말씀하신 유언적 명령에 순종하여 복음을 전파하며 사는 것입니다. 명령이라는 것은 명령 권자에게 순종해야 하는 강제성이 있습니다. 그래서 사도 바울은 "내가 복음을 전하지 않으면 내게 화로다"(고전 9:16) 라고 하였습니다. 또한 복음의 증인으로 산다는 것은 단순히 복음을 입으로 전파하는 것뿐만이 아니라 삶을 통해 예수 그리스도를 나타내는 것입니다. 예수 그리스도의 향기로 사는 것입니다(고후 2:15). 나를 통해 드러나는 생각과 말과 행동, 인격, 일에 대한 태도와 결과, 가치관, 인생관, 세계관 등에 예수 그리스도의 고귀한 흔적이 나타나서 주변의 사람들이 예수님의 발자취를 느낄 수 있고 복음에 대한 관심을 갖게 하는 것입니다. 예수께서는 하나님 나라에 대한 관심보다 이스라엘의 정치적 회복에 대한 관심에 집중되어 있었던 제자들에게 우선적으로 복음의 증인으로 살 것을 명령하셨습니다. 전도란 우리가 복음의 증인으로 사는 것입니다.

하나님의 영혼 구원방법입니다.

전도는 인간이 만들어 낸 것이 아니라 하나님의 지혜입니다. 사람들의 지혜로는 하나님을 알 수 없기 때문에 하나님께서 전도의 방법으로 사람들을 구원하시고자 하셨던 것입니다. 사람들은 끊임없이 표적과 지혜를 구합니다. 그러기에 하나님을 찾을 수 없습니다. 사람들이 표적과 지혜를 구한 산물이라 할 수 있는 종교와 철학의 역사가 이것을 말해 줍니다. 하나님께서는 사람들을 너무나 잘 아셨기에 그들의 지혜에 의존하지 않으시고 미련하게 보이는 전도의 방법으로 믿는 자들을 구원하시는 것을 기뻐하셨습니다. 하나님의 미련한 것은 사람보다 지혜 있고 하나님의 약한 것이 사람보다 강하다는 것을 보여주는 것이 전도입니다(고전 1:25). 왜냐하면 구원은 복음인 예수 그리스도를 믿음으로 말미암기 때문입니다. 그리고 믿음은 전도를 통해 복음을 들을 때 가능하기 때문입니다(롬 10:13~15). 전도란 하나님의 영혼 구원방법입니다.

나누어볼까요?

하나님의 영혼 구원방법인 전도가 세상 사람들이 볼 때 미련한 것이요, 하나님에게는 지혜가 되는 이유가 무엇이라 생각됩니까?

합심기도합시다

1. 전도자로 살고자 하는 마음을 풍성하게 가질 수 있도록 기도합시다.
2. 함께 모인 성도와 지체들의 한 주간의 기도제목을 나누고 기도

제 3 과

하나님의 구원계획

본문 / 출애굽기 19:5,6; 요한복음 19:15; 베드로전서 2:9　　찬송 / 53장, 268장

자본주의와 정보화 사회가 가져다주는 쾌락에 도취되어 사는 것 보다 하나님이 기뻐하시는 전도자로 살기 위해서는 하나님의 뜻, 즉 하나님의 구원계획이 무엇인지를 아는 것이 중요합니다. 성경에 나타난 하나님의 구원계획이 무엇이었는지 살펴봅시다.

같이 풀어봅시다

선민 이스라엘을 통한 구원

1 하나님께서 이스라엘을 사랑하사 선택하시고 요구하신 것은 무엇이었습니까(출 19:5상)?

2 하나님께서 이스라엘을 선택하시고 약속하신 것은 무엇이며 이것이 의미하는 바는 무엇입니까(출 19:5하, 6)?

3 하나님은 이스라엘을 통해 세계만민을 구원코자 제사장 나라로 삼으셨는데 그 결과는 어떻게 되었습니까(요 19:15)?

새 이스라엘을 통한 구원

4 하나님께서는 선민 이스라엘의 실패를 누구를 통해 회복코자 하셨습니까(벧전 2:9상)?

5 새 이스라엘의 사명은 무엇입니까(벧전 2:9하)?

6 하나님의 구원계획은 택한 자들을 통해 세계만민을 구원코자 하신 것입니다. 그렇다면 택함을 받은 자로서 어떻게 살아야 한다고 생각하십니까?

메시지

하나님께서는 하나님의 영광을 위하여 온 우주 만물을 창조하셨습니다. 그러나 죄가 세상에 들어옴으로 인하여 사람은 타락하였고 세상은 창조의 목적을 잃고 말았습니다. 그렇지만 하나님께서는 세상을 포기치 않으시고 구원코자 하셨습니다. 하나님의 구원계획은 무엇이었습니까?

선민 이스라엘을 통한 구원계획

하나님께서는 이스라엘을 제사장 나라로 삼으셨다는 것은 이스라엘이 세상에 대한 하나님의 대변자로 선택하시고 세우셨다는 것입니다. 세상에서 하나님을 드러내는 역할을 하도록 하셨습니다. 아브라함은 이방인들에게 하나님을 드러내는 삶을 살았습니다(창 21:22). 다윗과 솔로몬 시대에는 천하의 여러 왕들이 이스라엘을 부러워하며 이스라엘의 하나님을 찬송하였습니다. 이스라엘이 하나님의 말씀에 순종할 때에는 하나님의 복을 받아 놀라운 역사들이 일어났지만 말씀에 불순종할 때에는 하나님의 심판을 받아 세상의 웃음거리가 되기도 하였습니다. 그런데 이스라엘의 역사는 전반적으로 순종의 역사라기보다는 불순종의 역사였고 결국은 하나님을 버리고 언약을 파괴하는 비극적인 결과가 발생하였습니다(요 19:15). 하나님은 언약의 백성을 통해 세상만민을 구원하시고자 이스라엘을 선택하시고 언약의 백성 삼으셨는데 그들은 스스로 하나님과의 관계를 파괴하고 언약백성의 지위를 버렸습니다.

새 이스라엘을 통한 구원계획

하나님께서는 언약백성으로 실패한 이스라엘 대신 새 이스라엘을 세우셨습니다. 예수 그리스도의 보혈의 피 공로 위에 새로운 하나님 나라를 건설하시고 세계 만민을 구원코자 하셨습니다. 12지파 대신 12제자를 택하셨고 이스라엘 대신 교회를 세우셨습니다. 하나님의 나라는 복음의 증인으로 살라는 예수님의 명령에 순종하는 새로운 언약 백성들에 의해 확장되어 나아갔습니다. 믿는 자들은 새로운 언약의 백성, 새 이스라엘입니다. 그러므로 믿는 자들은 거룩한 백성으로서 진지한 삶을 살아야 합니다. 언약의 백성으로서 말씀대로 살아야 합니다. 이 시대에 말씀대로 살려고 애쓰지 않으면 전도할 수 없습니다. 힘들고 어렵지만 말씀대로 살아가는 모습을 보여주어야 진정한 전도자가 될 수 있습니다. 말씀에서 영원히 목마르지 않는 영생수를 마음껏 퍼 마시는 희열의 삶을 살 때 복음의 능력을 보여줄 수 있으며 하나님의 거룩한 나라가 됩니다. 이런 삶을 사는 자를 통해 전도는 이루어집니다.

나누어볼까요?

믿는 자들이 말씀대로 살아서 하나님을 드러내도록 하신 하나님의 구원 계획을 생각할 때 어떻게 살아야 하겠는지 구체적으로 말해 봅시다.

합심기도합시다

1. 삶의 현장에서 말씀대로 살 수 있는 은혜와 능력을 주시도록
2. 함께 모인 성도와 지체들의 한 주간의 기도제목을 나누고 기도

제 4 과 무엇을 전해야 할까?

본문 / 고린도전서 15:1~11 찬송 / 144장, 155장

우리의 전도하는 현실은 대부분 교회로 사람들을 인도하는 것입니다. 이것은 전도라기보다는 교회로의 인도입니다. 인도는 전도의 일부이지 전도의 전부일 수 없습니다. 전도는 복음을 전하는 것입니다. 그러므로 복음의 핵심내용, 즉 전해야 할 내용이 무엇인지 알아야 합니다. 전도를 하고자 할 때는 무엇을 전해야 하는지 살펴봅시다.

같이 풀어봅시다

예수께서 우리 죄를 위하여 죽으신 것

1 사도 바울은 고린도 성도들이 그가 전한 말을 굳게 지키고 헛되이 믿지 아니하면 어떻게 된다고 하였습니까(1,2절)?

2 사도 바울이 전한 복음의 첫 번째 핵심은 무엇입니까(3;눅 24:25~27;롬 4:25상)?

예수께서 다시 살아나신 것

3 사도 바울이 전한 복음의 두 번째 핵심은 무엇입니까(4;롬 4:25하)?

4 부활하신 예수께서는 어떤 사람들에게 보이셨습니까(5~8절)?

5 사도 바울은 전도자로서 자신을 어떻게 소개하였으며 사명을 어떻게 감당하였습니까(9~11절)?

메시지

처음 만난 사람들에게 과감하게 "예수천당 불신지옥"이라고 선포만 한다면 오늘날 사람들은 복음에 대하여 열린 자세를 갖기보다는 오히려 마음을 닫거나 혐오감을 가질 것입니다. 전도를 하고자 할 때 무엇을 전해야 하는지를 잘 알고 준비해야 합니다. 우리는 무엇을 전해야 합니까?

예수께서 우리 죄를 위하여 죽으신 것

전도할 때 우리가 전해야 할 복음의 핵심내용은 성경의 약속대로 예수께서 우리 죄를 위하여 죽으셨다는 것입니다. 죄는 하나님과의 관계의 단절을 가져왔습니다. 그러므로 죄 문제의 해결이 없이는 구원을 이룰 수 없었습니다. 하나님께서는 희생제물의 피가 죄의 문제를 해결한다는 원리를 구약의 제사제도를 통해 알려주셨습니다. 구약의 희생제물은 일시적인 것이기에 죄인들은 반복적으로 희생 제사를 드려야 했습니다. 그러나 하나님의 어린양이신 예수님의 희생은 영원한 것으로 단번에 모든 죄의 문제를 해결한 것이었습니다. 예수 그리스도의 죽으심이 나의 죄를 인한 것이었다는 것을 믿을 때 죄 사함을 받고 구원을 이루게 됩니다. 그러므로 전도할 때 예수님의 죽음이 죄를 인한 죽음이었다는 것을 분명하게 전해야 합니다. 사람의 죄의 문제를 세상의 지혜나 표적으로 해결할 수 없습니다. 오직 예수 그리스도의 피로만이 해결할 수 있습니다. 이것이 기독교의 진리이며 우리가 전해야 할 핵심내용입니다.

예수께서 다시 살아나신 것

전도할 때 우리가 전해야 할 복음의 또 다른 핵심내용은 예수께서 무덤에 묻히셨다가 성경대로 사흘 만에 다시 살아나셨다는 것입니다. 다시 살아나신 예수께서는 제자들을 비롯한 여러 사람들에게 보이셨고 사도 바울에게도 나타나셨습니다. 예수께서 다시 살아나신 것은 죽음의 권세를 파괴하신 것입니다. 죽음은 사람에게 있어 가장 두려운 것으로 사람들은 죽음으로 모든 것이 끝이 난다고 생각합니다. 그러기에 죽음 앞에서 의연하기보다 두려워하고 절망합니다. 심지어 자신이 살아온 삶의 지조를 버리고 세상과 타협하여 추악한 인생이 되기도 합니다. 그렇지만 부활하신 예수님을 믿게 될 때 이러한 죽음의 권세를 이길 수 있습니다. 믿는 자들은 죽음의 권세를 이기고 구원을 이루게 됩니다. 예수님의 부활은 복음의 절대성과 우월성을 가지게 합니다. "다른 이로서는 구원을 얻을 수 없나니 천하 인간에 구원을 얻을 만한 다른 이름을 우리에게 주신 일이 없음이니라 하였더라"(행 4:12) 부활을 경험한 제자들은 이 놀라운 구원의 소식을 담대히 전파하였습니다.

나누어볼까요?

전도할 때 전하고자 하는 복음의 내용을 간략하게 자신의 말로 적어보고 발표해 보자.

합심기도합시다

1. 복음의 핵심을 잘 숙지하여 복음을 전달하는 전도자가 되도록
2. 함께 모인 성도와 지체들의 한 주간의 기도제목을 나누고 기도

제 5 과 누구에게 전도해야 할까?

본문 / 마가복음 16:15, 마태복음 28:16~20 찬송 / 46장, 262장

복음은 모든 사람들에게 전해져야 합니다. 그러기에 전도의 대상은 제한이 없습니다. 우리는 누구에게나 전도해야 합니다. 예수께서는 만민에게 복음을 전파하고 모든 족속으로 제자를 삼으라 하셨습니다. 오늘은 전도의 대상에 대해 살펴봅시다.

같이 풀어봅시다

주님의 권세로 전도

1 부활하신 예수님 앞에서의 제자들의 상황은 어떠했습니까(마 28:16,17)?

2 부활하신 예수께서 받으신 권세는 무엇입니까(마 28:18)?

3 이러한 권세를 가지신 주께서 명령하신 것은 무엇입니까(막 16:15; 마 28:19,20)?

모든 사람에게 전도

4 부활하신 예수께서 명령하신 전도의 대상은 누구입니까(막 16:15; 마 28:19)?

5 부활하신 예수께서 전도자들에게 약속하신 것은 무엇입니까(마 28:20하)?

6 우리에게 있어 만민, 모든 족속은 구체적으로 누구입니까?

메시지

부활하신 예수께서는 전도하라고 명령하셨습니다. 전도는 단순히 불특정 다수에게 "예수 천당, 불신 지옥" 하며 외치는 것이 아닙니다. 분명한 전도의 대상이 있어야 합니다. 그렇다면 우리는 누구에게 전도해야 합니까?

모든 사람에게 전도해야 합니다.

예수께서는 부활하심으로 하늘과 땅의 모든 권세를 받으셨습니다. 천사들보다 크고 땅 위의 그 어떤 권세들보다 위대한 권세를 가지신 주께서 자신을 따르는 자들에게 명령하시길 "너희는 온 천하에 다니며 만민에게 복음을 전파하라" 하셨습니다. 이 명령을 받은 제자들은 온 천하에 다니며 만민에게 복음을 전파했습니다. 전도할 때 영광과 고난을 받았으며 목숨을 잃기도 하였습니다. 아버지와 아들과 성령의 이름으로 세례를 주고, 주께서 분부하신 모든 것을 가르쳐 지키게 하였습니다. 사도 바울은 헬라인이나 야만이나 지혜 있는 자나 어리석은 자에게 다 내가 빚진 자라 하면서 모든 사람에게 복음을 전파하고자 힘썼습니다(롬1:14). 전도의 대상에는 제한이 있을 수 없습니다. 우리는 모든 사람에게 복음을 전파해야 합니다. 모든 사람에게 복음을 전하기 위해서는 주의 사랑으로 사람들을 바라보아야 합니다. 주변에 있는 사람들을 먼저 주의 사랑의 마음과 눈으로 보시길 바랍니다.

전도의 대상은 가까이에 있습니다.

모든 사람에게 복음을 전파해야 한다는 것은 알지만 이 명령이 너무나 크기에 실제적으로 전도하지 못하고 지내는 경우가 많습니다. 모든 사람은 내게 가장 가까이 있는 사람들로부터 시작됩니다(행 1:8). 그러므로 전도의 대상은 항상 가까이에 있습니다. 전도의 대상을 멀리서만 찾다가는 구체적인 영혼구원의 열매를 맺지 못하고 세월을 허비하게 됩니다. 선교사로 헌신하였던 한 형제가 선교사로서 지원하여 인터뷰를 하게 되었습니다. 선배 선교사는 그 형제에게 묻기를 지금까지 누구에게 얼마큼 전도를 했는지를 물었습니다. 그 형제는 머뭇거리며 대답하길 "선교지에 가서 열심히 전도하기 위해 준비하고 있습니다." 라고 했습니다. 인터뷰 결과는 그 형제를 선교사로 허입하지 않았습니다. 가까이에 있는 사람들에게 복음을 전해 보지 않은 사람이 먼 나라로 가서 복음을 전한다는 것은 약간의 모순(?)입니다. 모든 사람은 우리의 가까이에 있는 사람들로부터 시작합니다.

나누어볼까요?

모든 사람과 족속에게 복음을 전파하기 위한 전도 계획을 말해 봅시다.

합심기도합시다

1. 주님의 권세로 누구에게나 전도할 수 있는 전도자가 되도록
2. 함께 모인 성도와 지체들의 한 주간의 기도제목을 나누고 기도

제 6 과

언제 전도해야 할까?

본문 / 디모데후서 4:1~8 찬송 / 33장, 268장

오늘날의 삶은 너무나 바쁩니다. 하루가 어떻게나 빨리 지나가는지 정신이 없습니다. 이것, 저것 챙겨야 할 것들도 너무나 많습니다. 이렇게 바쁜 시대에 언제 전도할 수 있나 하는 생각이 듭니다. 그러나 전도해야 합니다. 오늘은 언제 전도해야 하는지 살펴봅시다.

같이 풀어봅시다

언제든지

1 사도 바울이 소개하는 예수님은 어떤 분이시며, 그는 무엇을 확신하고서 명령합니까(1절)?

2 말세에 나타나는 두드러진 현상은 무엇입니까(3,4절)?

3 사도 바울이 강력하게 권면하는 것은 무엇입니까(2,5절)?

생명이 다하는 그날까지 전도

4 사도 바울이 처한 형편이 어떠하였습니까(6절)?

5 그는 어떻게 살아왔다고 고백하였습니까(7절)?

6 전도자로 살아왔던 사도 바울이 기대하는 상은 무엇입니까(8절)?

메시지

사도 바울은 자신의 권위보다 살아계신 하나님과 산 자와 죽은 자를 심판하실 예수 그리스도의 권위와 주의 재림과 하나님 나라를 확신하고서 주를 따르는 모든 이들이 주의 말씀을 전하는 전도자로 살라고 엄히 명령하였습니다. 우리는 언제 전도해야 합니까?

언제든지 전도해야 합니다.

때를 얻든지 못 얻든지 항상 주의 말씀을 전하기 위하여 힘쓰는 것이 전도인의 기본적인 자세입니다. 항상 힘쓰지 않으면 말세를 사는 사람들에게 복음을 제대로 증거 할 수 없습니다. 말세에 사람들은 바른 교훈을 받지 않습니다. 그들은 자기의 사욕을 좇아 많은 스승을 찾고 허탄한 이야기들을 즐깁니다. 그렇지만 우리는 이러한 시대 상황에서도 정신을 차리고 인내하며 고난을 감당하고 전도인의 사명을 감당해야 합니다. 나에게 맡겨진 복음 전파의 사명을 온전히 감당하는 것입니다. 복음전파에 있어서 가장 좋은 때는 따로 있는 것이 아닙니다. 우리에게 주어진 모든 상황과 시간이 바로 전도할 때입니다. 능력 있는 전도자로 인정을 받은 사람들의 공통점은 그들은 때를 얻든지 못 얻든지, 언제든지 전도했다는 것입니다. 사단의 강력한 무기는 '다음에 하라' 입니다. '다음에 하지' 라는 생각을 떨쳐 버리고 지금이 최상의 기회임을 인식하고 복음을 전파하는 전도자가 되길 축복합니다.

생명이 다하는 그날까지 전도해야 합니다.

항상 주의 말씀을 전하는 전도자로 살라고 권면하는 사도 바울은 죽음에 직면한 상황에 있었습니다. 그는 이제까지 자신의 생명을 다 바쳐 복음 전파의 사역을 감당했고 이 세상을 떠날 기약이 가까 왔지만 믿음을 잃지 않고 지켰으며, 자기를 위하여 예비된 의의 면류관을 소망한다고 하면서 주를 따르는 자들에게 전도인의 삶을 살 것을 유언적으로 권면하였습니다. 복음 전파를 위한 전도자의 삶에는 은퇴라는 말이 있을 수 없습니다. 전도자의 삶은 그의 생명이 다하는 그날까지입니다. 비록 정년이 되어 은퇴를 한다 하더라도 정년 이후에도 전도자의 삶은 중단할 수 없는 것입니다. 교단의 총회장으로까지 헌신하고 정년이 되어 은퇴하였던 어느 노 목회자는 건강이 허락하는 순간까지 전도자의 삶을 포기할 수 없다고 하며 전국의 섬들을 순회하며 복음을 전하는 삶을 살고 있어 큰 교훈이 되고 있습니다.

나누어볼까요?

내게 주어졌던 전도의 기회들을 어떻게 사용했었는지 말해 봅시다.

합심기도합시다

1. 생명이 다하는 날까지 복음을 전파하는 전도자가 되도록
2. 함께 모인 성도와 지체들의 한 주간의 기도제목을 나누고 기도

제 7 과

전도자의 자세

본문 / 마태복음 10:5~16　　　　찬송 / 55장, 270장

복음은 전도자를 통해 전해집니다. 복음을 접하는 사람들은 복음보다 먼저 전도자를 접하게 됩니다. 그러므로 복음 전도자의 자세가 중요합니다. 복음을 전파하라는 주의 말씀에 순종하는 전도자는 어떤 자세를 가져야 할까요? 오늘은 전도자의 자세에 대하여 살펴봅시다.

같이 풀어봅시다

거저 받았으니 거저주어라

1 제자들이 전도해야 할 대상과 전파할 내용은 무엇입니까(5~7절)?

2 제자들이 전도하면서 구체적으로 해야 할 것은 무엇입니까(8절상)?

3 예수께서 말씀하신 전도자로서의 기본적인 자세는 무엇입니까(8절하)?

오직 주님만 의지하라

4 예수께서는 전도자가 물질과 주거문제에 어떤 자세를 가지라 하셨습니까(9~13절)?

5 예수께서는 복음을 거절하는 자들에 대해서는 어떤 자세를 가지라 하셨습니까(14,15절)?

6 복음에 우호적이지 않은 세상에서 제자들이 가져야 할 전도자로서의 자세는 무엇입니까(16절)?

메시지

불신자의 성경은 신자라는 말이 있습니다. 사람들은 전도자를 통해 전해지는 복음을 듣기 전에 먼저 전도자를 주목하게 됩니다. 그러므로 전도자의 자세가 영혼구원의 중요한 열쇠가 될 수 있습니다. 그렇다면 전도자가 가져할 자세는 어떠해야 합니까?

거저 받았으니 거저 주는 자세입니다.

전도자는 기본적으로 대가를 바라지 않는 자세, 사람들에게 거저 주는 자세를 가져야 합니다. 왜냐하면 내가 먼저 믿게 된 것은 주의 은혜로 된 것이기 때문입니다(엡 2:8). 무엇인가를 받겠다는 생각을 하고 전도한다면 하나님의 선물로 받은 구원의 가치를 떨어뜨리는 것이 되고, 전도자로서의 순수성을 잃게 됩니다. 전도자로서의 순수성을 잃게 되면 비록 성공적인 전도자의 삶을 살았다고 사람들에게 칭찬을 받는다 할지라도 하늘에서의 영원한 상급을 잃게 됩니다. 다른 사람들은 구원하고 자신은 버림 받을 수도 있음을 기억해야 합니다(고전9:27). 우리는 구원의 은혜를 거저 받았으니 거저 주어야 합니다. 복음을 거저 줄 뿐 아니라 우리가 가진 시간과 물질, 여러 은사들도 복음 전도를 위하여 거저 주어야 합니다. 하나님 나라의 확장과 복음의 전파를 위한 전도사업에 순수하게 사용되어지는 모든 것들은 하나님께서 기뻐 받으시는 향기로운 제물입니다.

오직 주님만 의지하는 자세입니다.

주의 부르심을 받아 전도자로 사는 자들은 오직 주님만을 의지하는 자세를 가져야 합니다. 특히 물질과 주거문제를 비롯하여 복음에 대하여 우호적인 자세를 갖지 않고 거절하는 자들을 만날 때에도 염려하지 말고 오직 주님만을 의지해야 합니다. 주님은 우리에게 필요한 것들을 아시고 공급해 주시는 분이기 때문입니다(10하). 전도자는 세상에서의 사치스런 생활, 안락함을 주는 것들을 포기해야 합니다. 복음 전파의 사역을 감당하기에 장애가 되는 부적절한 것들을 취하지 않아야 합니다. 복음을 영접하는 자들을 만날 때는 그들 가운데 거하며 축복하고, 복음을 거절하는 자들을 만날 때는 당황하지 말고 단호한 자세를 가져야 합니다. 그들과의 불필요한 충돌을 피하기 위해 지혜롭게 행하고 핍박을 피하는 것이 도피나 타락이 되지 않도록 순결한 자세를 가져야 진정한 전도자입니다.

나누어볼까요?

전도자로서 자신의 자세를 점검해 보고 부족한 것이 있다면 말해 봅시다.

합심기도합시다

1. 염려를 주께 맡기고 주님만을 의지하고서 사는 전도자가 되도록
2. 함께 모인 성도와 지체들의 한 주간의 기도제목을 나누고 기도

제 8 과

전도의 결과

본문 / 누가복음 10:17~20; 9:6~9 찬송 / 89장, 259장

결과가 없는 일이란 있을 수 없습니다. 무슨 일이든지 어떤 일에는 결과가 있습니다. 복음전도에도 분명한 결과가 있습니다. 세계사는 복음전도의 결과에 따라 진행되었다고 해도 과언이 아닙니다. 오늘은 전도의 결과에 대하여 살펴봅시다.

같이 풀어봅시다

하나님 나라의 확장과 사단 나라의 멸망

1 칠십 인 제자들의 전도보고의 내용은 무엇입니까(눅 10:17,18)?

2 예수께서 제자들에게 주신 권세는 무엇이며 사단은 어떻게 되었습니까(눅 10:19,20상)?

3 예수께서 제자들에게 당부하신 것은 무엇입니까(눅 10:20)?

불의한 사회에 영향력으로 나타남

4 열두제자들의 전도사역을 들은 헤롯의 반응은 어떠했으며 그 이유는 무엇입니까(눅 9:6~8)?

5 결국 헤롯은 어떻게 하고자 하였습니까(눅 9:9)?

메시지

인생들의 변화, 세계사의 흐름은 복음전파의 결과들입니다. 사람들 눈에는 보이지 않는 것 같지만 전도의 결과는 분명하게 나타납니다. 주의 권세를 힘입은 복음의 전파는 능력의 결과들이 나타나는 것으로 알 수 있습니다. 전도의 결과는 무엇입니까?

하나님 나라의 확장과 사단나라의 멸망입니다.

사단은 죄로 인하여 파괴된 세상을 자신의 권세로 다스렸습니다. 사람들을 질병과 죽음으로 지배하고 통제하였습니다. 사람들은 질병의 고통과 죽음의 권세 아래서 신음하며 살았습니다. 그런데 예수께서 오셔서 이 세상을 회복하시고 하나님 나라를 확장하셨습니다. 예수께서는 제자들에게 사단을 제어할 수 있는 권세와 복음 전파의 사명을 주시고 이 거룩한 사역을 이루게 하셨습니다. 제자들로 인해 복음이 전파되는 곳마다 귀신들이 항복하고 사단이 하늘로서 번개같이 떨어졌습니다. 사람들은 사단의 지배와 통제로부터 해방되어 참 자유를 누리고 중생과 영생의 기쁨이 넘쳤습니다. 하나님 나라에서 사람들은 죄로 오염되었던 지난 날을 회개하고 새로운 인생을 살았습니다. 전도로 인한 영혼구원의 놀라운 결과입니다. 하나님 나라는 개인의 삶의 영역을 넘어, 중생한 사람이 속한 가정과 사회에까지 확장되었습니다.

불의한 사회에 큰 영향력으로 나타났습니다.

예수님의 파송을 받은 제자들의 전도역사는 당시 권력자 헤롯에게도 알려졌습니다. 헤롯은 제자들의 전도의 소식을 듣고 자신의 죄가 생각나 심히 당황해 하였습니다. 그는 하나님의 사람이요, 죄가 없었던 당대의 의인 세례요한을 개인적인이유로 처형하였습니다(마 14:1~12). 제자들의 전도운동으로 인한 민심은 세례요한이나 엘리야, 옛 선지자 중 하나가 다시 태어났다고 하였습니다. 헤롯은 자신의 죄 때문에 당황해 했을 뿐만 아니라 이러한 소문의 주인공을 만나보기 원하는 호기심까지 가졌습니다. 전도는 이렇게 불의한 사회에 큰 영향력으로 나타나며 나아가 사회의 개혁과 진보까지 낳게 됩니다. 전도는 단순히 사람의 영혼만을 구원하고 사회에는 아무런 영향력을 끼치지 않는 것이 아니라 사회정화능력으로 나타납니다. 18세기 웨슬리의 전도운동은 산업혁명시대의 영국을 구원하였고, 조국의 초창기 전도운동도 술, 담배, 아편의 금지, 미신타파, 여권신장, 부정부패항거 등으로 나타났습니다.

나누어볼까요?

우리 주변에서 나타나고 있는 전도의 결과에 대하여 말해 봅시다.

합심기도합시다

1. 우리를 인하여 전도의 결과가 풍성히 나타날 수 있도록
2. 함께 모인 성도와 지체들의 한 주간의 기도제목을 나누고 기도

제 9 과

예수님의 전도생활

본문 / 마가복음 1:32~39 찬송 / 505장, 267장

그리스도인의 삶과 사역의 본은 예수님이십니다. 그러므로 오늘은 우리의 삶과 사역의 본이신 예수님의 전도생활을 살펴봄으로 우리가 주님처럼 전도하는 삶, 전도하는 사역자가 되기 위해서는 어떻게 해야 할지 살펴봅시다.

같이 풀어봅시다

많은 병자들을 치료하신 예수님

1 예수께 어떤 사람들이 얼마나 많이 몰려왔습니까(32,33절)?

2 예수께서는 이들을 어떻게 대하셨습니까(34절)?

지칠 줄 모르는 전도자 예수님

3 예수께서 새벽 미명에 무엇을 하셨습니까(35절)?

4 제자들은 예수께 무엇을 요청하였습니까(36,37절)?

5 제자들의 요청을 받으신 예수께서는 무엇을 하셨습니까(38,39절)?

6 저물어 해질 때까지 지칠 줄 모르는 전도자로서 예수님의 삶과 사역의 비밀은 무엇이라고 생각되십니까?

메시지

바쁜 현대의 삶속에서 전도자로 산다는 것이 불가능해 보입니다. 예수께서도 매우 바쁜 일정을 보내셨지만 지칠 줄 모르는 전도자로서 생활을 하셨습니다. 이러한 주님의 삶과 사역의 비밀은 무엇이었습니까?

하루의 첫 시간에 하나님을 만남

예수님은 새벽 오히려 미명에 한적한 곳에서 기도하심으로 하루를 시작하셨습니다. 주님은 매우 바쁘신 가운데서도 하루의 첫 시간에 하나님을 만남으로 새 힘을 얻으셨습니다. 성부 하나님과 삶을 나누시고, 사역을 상의하심으로써 성부와 함께 하심으로만이 얻을 수 있는 힘을 얻으신 것입니다. 사람들이 예수께 나아온 이유는 매우 이기적이었습니다. 육신적인 질병과 귀신으로부터의 해방만을 추구했습니다. 사람들은 왜곡된 기대를 가지고 예수님을 바라보았습니다. 예수님 편에서는 본질을 잃어버릴 수 있는 위기상황이었습니다. 예수님은 이러한 위기상황을 하나님과 만남의 시간을 가지심으로 해결하셨습니다. 하루의 첫 시간을 어떻게 보내느냐가 삶과 사역에 있어서 매우 중요합니다. 하루의 첫 시간에 하나님을 만나는 감격이 있어야 합니다. 광야에서 이스라엘 백성들은 새벽미명에 육신의 양식인 만나만 거둔 것이 아니라 하나님의 영광을 보고 돌아 왔습니다(출 16:7).

전도에 대한 우선권이 분명하심

예수께서는 기도하시고 행동하셨습니다. 무리들의 요구에 응하셔서 영광을 받으시기보다 전도에 우선권을 가지시고 다른 가까운 마을들로 가셔서 전도하셨습니다. 주님은 매우 바쁘신 가운데서도 하나님의 뜻에 따른 분명한 우선권을 가지셨기에 지치지 않으셨습니다. 예수님을 믿고 따른다고 하면서 전도하는 삶을 살지 못하는 이유는 우선권이 무너져 있기 때문입니다. 주님이 전도의 우선권을 가지신 것처럼 우리도 삶과 사역의 현장에서 전도의 우선권을 가져야 하겠습니다. 전도에 우선권을 두고 생각하고, 기도하고 행동하는 삶과 사역이 되도록 해야 하겠습니다. 우리가 우선권에 대한 분명한 확신이 없다면 세상의 풍조대로 살게 됩니다. 세상의 영광과 인기를 구하는 자로 전락하게 됩니다.

나누어볼까요?

나의 우선권은 무엇인가? 전도를 우선순위에 두려면 어떻게 해야 할지 말해 봅시다.

합심기도합시다

1. 삶과 사역의 우선권이 전도가 될 수 있도록
2. 함께 모인 성도와 지체들의 한 주간의 기도제목을 나누고 기도

제10과 니고데모를 전도하신 예수님

본문 / 요한복음 3:1~15　　　　　　찬송 / 410장, 405장

세상에서 출세했고, 인간적으로 볼 때 훌륭하지만 영적으로 무지한 사람들을 전도하기란 쉽지 않습니다. 오늘은 당대에 출세했지만 영적으로 무지한 니고데모를 예수께서 전도하신 것을 살펴봅시다.

같이 풀어봅시다

이스라엘의 선생 니고데모

1 니고데모가 어떤 사람이라고 소개되고 있습니까(1절)?

2 예수님과의 대화를 통해 볼 때 니고데모는 어떤 사람인 것을 알 수 있습니까(2~11절)?

진지한 대화를 통해 니고데모를 전도하신 예수님

3 예수께서는 밤에 찾아온 니고데모와 어떤 대화를 나누셨습니까(2~8절)?

4 예수께서는 영적인 진리를 잘 깨닫지 못하는 니고데모에게 어떻게 하셨습니까(9~15절)?

5 거듭남의 결과는 무엇이며 과연 니고데모가 거듭났을까요(15; 19:38,39)?

메시지

예수께서는 당대의 지성인이었던 니고데모가 밤에 찾아 왔을 때 진지한 대화를 통해 전도하셨습니다. 예수께서 니고데모를 전도하신 특징, 또는 전도의 접촉점은 무엇입니까?

구약의 사건을 들어 대화하며 전도하신 예수님

니고데모가 어떤 사람인가? 한마디로 한다면 당대에 출세한 지성인이었습니다. 바리새인이요, 유대인의 관원으로서 이스라엘의 선생이라는 존경을 받았습니다. 그러나 그는 영적으로 무지하여 하나님 나라에 들어가는 방법을 알지 못했습니다. 예수께서는 하나님 나라에 대해 고민하다가 찾아온 니고데모와 진지한 대화를 나누시면서 "거듭나지 않으면 하나님 나라에 들어갈 수 없다" 고 하셨습니다. 영적으로 다시 태어나야만 한다고 하신 것입니다. 그렇지만 니고데모는 잘 이해하지 못했습니다. 그래도 예수님은 그와 대화를 중단하지 않고 성령의 역사에 대하여 진지하게 설명해 주셨고, 그가 잘 이해할 수 있는 구약의 사건을 전도의 접촉점으로 삼으셨습니다. 구약에 정통했던 바리새인 니고데모에게 거듭남의 방법을 민수기 21장 4~9절에 나오는 놋 뱀 사건을 들어 설명하신 것입니다. 우리도 주님처럼 전도하고자 할 때 전도의 대상을 잘 알아 그가 십자가의 복음을 잘 이해할 수 있는 접촉점을 찾아야 합니다.

복음의 진리를 듣고 거듭난 니고데모

니고데모는 예수님과의 진지한 대화를 통해 십자가 복음의 진리를 들었습니다. 그러나 성경은 그가 바로 예수님을 믿고 변화되었다고 기록하지 않았습니다. 그는 아마도 이 밤에 깊은 감동을 받고 돌아갔지만 십자가 복음의 진리를 잘 이해하지는 못했을 것입니다. 그러나 얼마 지나지 않아서 예수께서 십자가에서 죽으셨다는 소식을 듣고 광야의 놋 뱀 사건을 들어 인자도 들려야 하리니 하셨던 주님의 말씀을 기억하고, 십자가의 복음의 진리를 깨닫고 예수님을 마음 중심에 영접하고서 자신을 숨기지 아니하고 예수님의 십자가 앞에 담대히 나올 수 있었던 것입니다(요 19:38,39). 거듭난 사람은 예수님을 사랑하고 복음을 부끄러워하지 않습니다(딤후 1:8). 마음의 변화, 생각과 삶에 변화가 일어납니다(빌 2:13). 예수님처럼 전도자로 살아 거듭난 영혼을 얻는 기쁨을 누리시길 바랍니다.

나누어볼까요?

전도하고자 하는 이들이 누구인지 말하고, 이들의 전도의 접촉점은 무엇일까 나누어봅시다.

합심기도합시다

1. 복음의 진리를 잘 전달할 수 있는 전도자가 되도록
2. 함께 모인 성도와 지체들의 한 주간의 기도제목을 나누고 기도

제 11 과 사마리아 여인을 전도하신 예수님

본문 / 요한복음 4:1~30 찬송 / 316장, 318장

오직 쾌락만을 추구하며 사는 사람들을 전도하기란 쉽지 않습니다. 인생의 만족을 쾌락에서 찾았던 사마리아 여인을 전도하신 예수님을 오늘은 살펴봅시다.

같이 풀어봅시다

목마른 사마리아 여인

1 예수께서 수가라는 동네 야곱의 우물에서 만난 여인은 어떤 사람이었습니까(7,9,17,18절)?

2 사마리아 여인이 진정으로 목말라 하고 있는 것은 무엇이라 생각됩니까?

물을 좀 달라 하시며 전도하신 예수님

3 예수께서 이 여인에게 처음으로 하신 말씀은 무엇입니까(7절)?

4 사마리아 여인의 반응은 어떠했으며 예수께서는 어떻게 대화를 하셨습니까(8~18절)?

5 사마리아 여인이 어떻게 예수님을 알아보게 되었습니까(19~30절)?

6 예수께서 사마리아 여인을 전도하실 때 나타난 특징, 또는 전도의 접촉점은 무엇이라 생각되십니까?

메시지

편견은 종종 사람들에게 다가가 전도하지 못하게 합니다. 예수께서는 편견과 사연이 많은 사마리아 여인을 전도하셨습니다. 사마리아 여인 전도의 특징, 또는 전도의 접촉점은 무엇입니까?

목마른 여인에게 물 좀 달라하심으로 전도하신 예수님

예수께서 야곱의 우물가에서 만난 여인은 남편이 다섯이나 있었고 사마리아 사람으로 유대인들에게 차별을 받고 살았던 사연이 있는 여인이었습니다. 사연이 있는 사람을 전도하기란 쉽지 않습니다. 그런데 예수께서는 이 여인을 전도하셨습니다. 유대인이셨던 예수님은 민족적인 장벽과 사회적인 편견의 벽을 돌파하시고 사마리아 여인에게 다가가셨습니다. 목마름에 지쳐 있던 이 여인에게 "물 좀 달라" 하신 것은 위대한 구원 역사의 시작이었습니다. 그녀에게 있어서 전도의 접촉점은 물이었습니다. 물 좀 달라는 말씀은 인종적, 종교적, 문화적, 사회적 편견의 장벽을 돌파할 수 있는 좋은 접촉점이었습니다. 예수께서는 물로 시작해서 영원히 목마르지 않는 생수, 남편, 예배의 문제까지 말씀하시고 결국은 자신이 메시야 되심을 드러내셨습니다. 사연이 많았던 여인은 자연스럽게 자신의 문제를 잊고 메시야에 대한 관심을 나타냈고 결국에는 그녀에게 물 좀 달라고 하시며 대화를 나누고 계신 분이 메시야이심을 알고 믿게 되었습니다.

메시아를 만난 사마리아 여인

사연이 있었지만 평소 메시야에 대한 기대를 가지고 있었던 여인은 예수님과의 대화를 통해 자신이 죄인인 것을 발견하고 자신과 대화를 나누시던 분이 그동안 기대하던 메시야이심을 알게 되었습니다. 예수께서는 사마리아 여인과의 대화를 통해 자신을 자연스럽게 계시하셨습니다. 예수님은 전도여행의 피곤함도 잊으시고 파격적인 사랑과 관심으로 그녀를 구원하셨습니다. 메시야를 만난 사마리아 여인은 변화되었습니다. 물동이를 버려두고 동네에 들어가 사람들에게 "와보라 이는 그리스도가 아니냐" 하며 예수님을 증거 하였으며 그 결과 동네 사람들이 예수께 나아왔습니다. 사마리아 여인은 자신이 메시야를 만난 감격을 전도로 표현하였습니다. 지금도 우리 주변에는 수많은 사람들이 인생의 목마름에 허덕이며 이것저것을 추구하지만 진정한 행복과 만족을 누리지 못하고 있습니다. 그러므로 인생의 만족을 주시는 예수그리스도를 적극적으로 전해야 할 책임이 먼저 믿는 자들에게 있습니다.

나누어볼까요?

전도 대상자들의 여러 편견들을 돌파하고 전도하기 위해서는 어떻게 해야 하겠습니까?

합심기도합시다

1. 전도 대상자들의 편견을 돌파하고 전도할 수 있도록
2. 함께 모인 성도와 지체들의 한 주간의 기도제목을 나누고 기도

제 12 과

삭개오를 전도하신 예수님

본문 / 누가복음 19:1~10 찬송 / 336장, 340장

오늘날은 군중 속에서 고독을 느끼며 살고 있는 사람들이 참 많이 있습니다. 군중 속에서 고독을 느끼며 살았던 삭개오를 전도하신 예수님을 오늘은 살펴봅시다.

같이 풀어봅시다

죄인 삭개오

1 삭개오를 어떻게 소개하고 있습니까(1~3,7절)?

2 삭개오는 예수님을 보고자 어떤 행동을 했습니까(3~4절)?

죄인 삭개오의 집에 들어가셔서 전도하신 예수님

3 예수께서는 삭개오를 어떻게 만나셨습니까(5~7절)?

4 예수님을 영접한 삭개오는 어떻게 되었습니까(8절)?

5 예수께서 선포하신 것은 무엇입니까(9,10절)?

6 예수께서 삭개오를 전도하실 때 나타난 특징, 또는 전도의 접촉점은 무엇이라 생각되십니까?

메시지

세상의 요란하게 돌아가고 많은 사람들이 희희낙락하며 살고 있지만 의외로 사람들로부터 고립되어 살고 있는 이들이 많습니다. 예수께서는 이와 같은 삭개오를 전도하셨는데 삭개오 전도의 특징, 또는 전도의 접촉점은 무엇입니까?

파격적인 사랑을 하심으로 전도하신 예수님

세리장 삭개오는 비록 부자였지만 죄인 취급받으며 사회적으로 고립된 삶을 살고 있었습니다. 군중속의 고독을 느끼며 소외 받고 살아가고 있던 그에게 예수께서는 파격적인 사랑을 베푸심으로 구원하셨습니다. 군중 가운데서 그냥 지나실 수도 있으셨지만 예수님은 뽕나무에 올라가 있는 그를 보셨고 그를 부르시고 그의 집에 들어 가사 그와 함께 하시는 방법으로 전도하셨습니다. 예수님의 파격적인 사랑은 세리장 삭개오의 삶을 완전히 뒤 흔들어 놓았습니다. 예수께서는 이렇게 전도하시고자 하시는 이들의 형편을 잘 아셨습니다. 그들의 입장에서 접근하셨습니다. 전도자의 입장에 서서 생각하고 행동할 때 성숙한 전도자가 될 수 있습니다. 돌파해야 할 장벽이 있는지, 성경을 꼼꼼히 가르쳐야 할지, 파격적인 사랑이 필요한지 등을 살피는 것이 성숙한 전도자에게는 기본입니다.

변화된 삭개오

예수님의 파격적인 사랑 못지않게 삭개오의 변화된 모습도 대단했습니다. 그는 예수님의 부르심에 즐거이 순종했고 자신의 죄를 회개하였습니다. 그의 회개는 매우 구체적이었습니다(8절). 자기 소유를 절반을 가난한 자들에게 나누어 주겠고, 누구에게 토색한 것이 있다면 4배로 갚겠다고 하였습니다. 그는 이전에 사람들을 갈취하는 갈퀴인생에서 나누어주고 베풀어 주는 인생으로 변화되었습니다. 삶의 스타일이 바뀌었습니다. 삶의 목표와 관심, 가치관과 인생관이 바뀐 것입니다. 예수님은 지금도 전도하는 전도자들의 입술을 통해 구원받을 자들을 부르십니다. 사람들을 외모로 판단하시기보다 마음의 중심을 보십니다. 그러므로 잃어버린바 된 수많은 사람들이 주님의 부르시는 음성을 듣도록 적극적으로 전도해야 하겠습니다.

나누어볼까요?

군중속 고독속에 살고 있는 자들을 전도하기 가장 좋은 방법은 무엇일까요?

합심기도합시다

1. 전도대상자들의 마음 중심을 볼 수 있는 영적인 통찰력을 갖도록
2. 함께 모인 성도와 지체들의 한 주간의 기도제목을 나누고 기도

제13과 제자들의 전도생활

본문 / 마가복음 6:7~13 찬송 / 383장, 259장

예수님은 위대한 개인전도자이셨습니다. 주님은 자신을 따르는 12제자들을 개인전도자로 훈련하셨습니다. 오늘은 제자들의 전도생활이 어떠했는지 살펴봅시다.

같이 풀어봅시다

능력을 받음

1 예수께서는 12제자들에게 무슨 권세를 주셨습니까(7절)?

2 예수께서는 12제자들의 전도여행 준비를 위해 무엇을 명하셨습니까(8~11절)?

3 예수께서 12제자들에게 이렇게까지 하라고 하신 이유는 무엇일까요?

실천해야 함

4 전도명령을 받은 12제자들은 어떻게 했습니까(12,13절)?

5 12제자들은 누구의 보냄을 받은 것이며 이들의 전도생활의 원칙과 원동력은 무엇입니까?

6 우리도 오늘날 제자들처럼 전도하기 위해서는 어떻게 해야 하겠습니까?

메시지

탁월한 개인전도자는 훈련으로 되어집니다. 예수께서는 12제자들을 전도자로 훈련하셨습니다. 주님의 훈련으로 제자들은 개인전도자로 태어났습니다. 12제자들의 전도생활의 특징은 무엇입니까?

주께로부터 능력을 받음

예수께서는 12제자들에게 더러운 귀신을 제어할 수 있는 권세를 주셨습니다. 전도를 방해하고 반대하는 세력들을 제압할 수 있는 능력을 주신 것입니다. 12제자들은 주님이 주신 이 권세를 힘입어 전도하였습니다. 우리도 오늘날 제자들처럼 전도하는 자가 되기 위해서는 주께로부터 능력을 받아야 합니다. 하나님 나라를 반대하고 복음전파를 방해하는 대적을 이기고 복음을 전하기 위해서는 꼭 능력이 있어야 합니다. 타락한 문화와 극도의 개인주의로 무장한 적대세력을 이기는 전도자가 되기 위해서도 주께서 주시는 능력이 있어야 합니다. 그렇다면 우리는 어떻게 주님이 주시는 권세를 받을 수 있습니까? 성령 충만해야 합니다(행 1:8). 성령의 충만은 하나님의 말씀의 깨달음과 기도의 헌신으로 나타납니다(엡 6:17~18하; 눅11:13; 행 1:14). 그러므로 성경을 체계적으로 공부하고 묵상하며 기도에 전념하는 생활은 전도자의 기본적이고도 필수적인 생활입니다.

전도를 실천한 제자들

예수께서는 12제자들에게 권세를 주셨을 뿐만 아니라 전도를 실천하도록 하셨습니다. 비전과 계획은 있지만 실천하지 않으면 결실할 수 없습니다. 어떤 일의 성공과 실패의 차이는 실천력에서 갈리게 됩니다. 실천력은 훈련을 통해서 가능합니다. 예수께서는 제자들이 동역하는 것(둘씩 가라), 의식주의 문제를 하나님께 온전히 맡기는 믿음을 가지는 것(여행을 위한 준비물준비), 전도의 거점을 확보하는 것(한곳에서 한집에 머물라), 복음의 우월성을 잃지 않으면서도 문제를 극복하는 것(발에 먼지를 털라) 등의 훈련을 명령하시면서 복음을 전하도록 하셨습니다. 예수님은 제자들을 단순한 말쟁이로 세우지 않으셨습니다. 삶의 현장에서 믿음과 사랑으로 능력 있게 전도하는 전도자로 세우신 것입니다. 전도자로 살기 위한 훈련을 받으십시오. 그리고 훈련받은 대로 실천하는 전도자가 되길 축복합니다.

나누어볼까요?

전도를 하기 위해 훈련 받은 것이 있었다면 무엇이었는지 나누어봅시다.

합심기도합시다

1. 탁월한 개인전도자가 되기 위해 훈련을 받을 수 있도록
2. 함께 모인 성도와 지체들의 한 주간의 기도제목을 나누고 기도

제14과 십자가위에서의 여섯 시간

본문 / 마태복음 27:35~50　　　　　　찬송 / 194장, 185장

세상은 온통 자기 욕심을 좇아 돌아가지만 경건한 마음과 자세로 고난 주간을 보내고 계신 줄 믿습니다. 오늘은 더욱 경건한 마음과 자세로 십자가에서 고난 받으시고 죽으신 주님을 살펴봅시다.

같이 풀어봅시다

사람들에게 조롱당하신 예수님

1 십자가에 못 박히신 예수님을 군병들은 어떻게 대했습니까(35,36절)?

2 십자가에 못 박히신 예수님을 지나갈는 자들은 어떻게 대했습니까(37~40절)?

3 십자가에 못 박히신 예수님을 종교지도자들은 어떻게 대했습니까(41~44절)?

온 인류의 구원을 이루신 예수님

4 제 육시로부터 구시까지 어떤 자연적인 현상이 일어났습니까(45절)?

5 예수께서는 무엇이라 소리지르셨으며 그 뜻은 무엇입니까(46절)?

6 십자가에서 고통하시며 죽어 가시는 주님을 향한 사람들의 반응은 무엇입니까(47~50절)?

메시지

예수께서 고통을 당하시고 죽으신 것은 나를 위한 것이었기에 복음입니다. 이 복음은 온 세계에 전파되어야 합니다. 십자가 위에서의 여섯 시간동안 예수께서 당하시고 이루신 것은 무엇입니까?

사람들에게 조롱당하심

십자가 위에서 여섯 시간동안 예수께서는 사람들에게 조롱당하셨습니다. 사형을 집행하던 군병들은 십자가에서 고통당하시는 주님에 대해서는 아무런 관심도 없고 오직 죄수의 옷을 차지하기 위하여 제비뽑기를 하고 있었고, 지나가는 사람들과 종교지도자들은 예수께서 하신 말씀을 빗대어 "저가 남은 구원하였으되 자기는 구원할 수 없도다 저가 이스라엘의 왕이로다 지금 십자가에서 내려 올 찌어다 그러면 우리가 믿겠노라"고 말하면서 모욕하고 희롱하였고 함께 십자가에 달린 강도도 덩달아 욕하였습니다. 로마시대의 십자가는 악한 죄수를 처형하던 형틀입니다. 이 형은 죄수로 하여금 극도의 고통과 수치를 경험하게 하여 죽게 하는 잔인한 사형방법입니다. 십자가 위에서 여섯 시간동안 벌거벗은 채로 매달리신 주님은 사람들에게 조롱과 수치, 극도의 고통을 받으시고 서서히 죽어가셨습니다. 주님은 우리의 죄와 허물을 대신하여 이러한 고통을 당하신 것입니다(사 53:4~6; 히 12:24).

온 인류의 구원을 이루심

십자가 위에서 여섯 시간동안 예수께서는 사람들에게 조롱과 고통만 당하신 것이 아니라 하나님의 약속대로 온 인류의 구원을 이루셨습니다. 예수님의 십자가는 사람들의 허물과 죄를 대신하여 하나님의 어린양으로서 죄 값을 치르신 것이었기에 하나님의 저주였지만 동시에 하나님의 구원을 이루신 승리의 십자가였습니다(민 25:4; 신 21:22,23; 히 10:19~22;벧전 2:24). 구약시대에는 성전에서 제물을 가지고 하나님께 나아갈 수 있었지만 이제는 예수님을 통하여 하나님께 나아가게 되었습니다. 십자가 위에서 여섯 시간동안 고통당하시고 피흘리시고 죽으신 예수님의 공로에 의지하여 믿음으로 하나님께 나아가는 것입니다. 하나님과 인간 사이를 가로막고 있던 죄의 담이 허물어졌고 죄의 장막이 제거되었습니다. 할렐루야!

나누어볼까요?

부활의 은혜를 충만히 누리기 위해서 어떻게 해야 할 것인지 나누어 봅시다.

합심기도합시다

1. 부활의 은혜를 충만히 누리도록
2. 함께 모인 성도와 지체들의 한 주간의 기도제목을 나누고 기도

제15과

집사 빌립의 전도

본문 / 사도행전 8:26~40　　찬송 / 93장, 258장

어떤 한 개인에게 찾아가 복음을 전하여 예수님을 믿게 한다는 것 자체가 상당히 어려운 시대에 살고 있습니다. 오늘은 집사 빌립의 개인 전도를 배워 우리도 개인 전도를 감당하는 하나님 자녀의 복을 누려봅시다.

같이 풀어봅시다

성령에 민감함으로 전도한 빌립

1 주의 사자가 빌립에게 명령한 것은 무엇이며 빌립은 어떻게 했습니까(26,27절상)?

2 성령이 빌립에게 명령한 것은 무엇이며 빌립은 어떻게 했습니까(29,30절상)?

3 주의 영이 빌립을 어떻게 했으며 빌립은 무엇을 했습니까(39,40절)?

성경을 가르침으로 전도한 빌립

4 에디오피아 여왕 간다게의 국고를 맡은 내시는 병거에서 무엇을 하고 있었습니까(27하,28절)?

5 성령의 인도함으로 내시 나아간 빌립은 어떻게 전도하였습니까(30하~35절)?

메시지

전도하기 어려운 시대에 개인 전도자의 삶을 포기하고 살아야 하는가? 그럴 수는 없습니다. 에디오피아 내시를 전도한 빌립처럼 산다면 탁월한 개인전도자로 살 수 있습니다. 집사 빌립은 에디오피아의 고위관리인 내시를 어떻게 전도하였습니까?

성령에 민감함으로 전도했습니다.

집사 빌립이 에디오피아의 국고를 맡은 내시를 전도할 수 있었던 것은 그가 성령 충만한 사람이었기 때문입니다. 빌립은 자신의 생활 속에서 성령의 음성을 들을 줄 아는 성령에 민감한 사람이었습니다. 복음전도의 주체는 성령이십니다. 성령께서는 성령에 민감한 사람들을 쓰셔서 복음전도의 사역을 이루십니다. 영혼을 구원하는 개인전도자가 되기 위해서는 집사 빌립처럼 성령에 민감한 삶을 살아야 합니다. 성령의 음성을 듣고 즉각적으로 순종하는 삶을 살 때에 영혼 구원의 열매를 맺는 개인 전도자가 되는 것입니다. 성령에 민감한 삶이란 내안에 성령께서 내주하신다는 확신과 성령의 임재에 대한 의식이 있는 삶으로 죄를 멀리하고 이기며, 찬양이 넘치고 말씀의 묵상과 기도에 헌신하며 예배하는 삶을 즐겨합니다. 성령의 음성을 듣고자 애쓰고 주의 지상명령성취와 재림을 대망합니다. 성령의 민감한 자가 되십시오. 오늘날 성령께서 쓰시는 개인 전도자가 될 것입니다.

성경을 가르침으로 전도했습니다.

집사 빌립은 첫째, 전도의 대상에 대한 이해를 가지고 있었습니다. 에디오피아 내시가 여행 중에도 성경을 읽을 정도로 진리에 목말라 있는 자라는 것을 알고 접근했습니다. 개인 전도를 잘 하기 위해서는 전도의 대상에 대한 목자적인 접근자세를 가져야 합니다. 목자적인 자세는 사랑과 관심으로 대하는 것입니다. 둘째, 전도의 접촉점을 찾았습니다. "읽는 것을 깨닫느뇨?"라고 물으며 성경을 읽고 있었던 내시와 공유할 수 있는 것을 찾아 대화를 시도한 것입니다. 전도의 대상과 만났을 때 그 환경과 상황에 걸맞는 전도의 접촉점은 전도하고자 하는 대상자의 닫힌 마음을 여는 열쇠가 됩니다. 셋째, 전도자의 물음에 성실하게 답변하면서 성경을 가르쳐 예수님을 전했습니다. 빌립은 내시가 읽고 있었지만 이해하지 못하고 있었던 이사야 53장을 통해 고난의 메시아가 바로 예수님이라는 것을 가르치며 복음을 전했습니다. 개인전도자가 되기 위해서는 성경을 가르칠 수 있어야 합니다.

나누어볼까요?

집사 빌립처럼 탁월한 개인 전도자가 되기 위해 힘써야 할 것들이 무엇인지 말해봅시다.

합심기도합시다

1. 성령 충만한 성경선생이 되어 전도할 수 있도록
2. 함께 모인 성도와 지체들의 한 주간의 기도제목을 나누고 기도

제16과

사도 바울의 전도의 열정

본문 / 고린도전서 9:12~27 찬송 / 263장, 372장

사람이 성장하기 위해서는 자신의 모델이 될만한 사람을 정하고 따라하면 유익합니다. 탁월한 복음전도자로서 열정적인 삶을 살았던 사도 바울은 우리의 좋은 모델입니다. 오늘은 탁월한 복음 전도자 사도 바울의 전도의 열정에 대하여 살펴봅시다.

같이 풀어봅시다

복음전도를 위해 자신의 권리를 포기함

1 사도 바울이 자신의 권리를 쓰지 않는 이유가 무엇입니까(12,13절)?

2 사도 바울은 복음을 전하고도 자랑하지 않는 이유가 무엇이라고 합니까(14~6절)?

3 사도 바울은 복음을 전하는 자가 받을 상은 무엇이라고 합니까(17,18절)?

복음전도를 위해 자기 몸을 쳐 복종하게 함

4 사도 바울은 복음전도, 즉 더 많은 사람을 얻기 위해 무엇을 했습니까(19~23절)?

5 복음 전도자는 어떻게 살아야 합니까(24,25절)?

6 사도 바울은 복음전도를 위해 어떻게 했습니까(26,27절)?

메시지

복음전도의 역사는 하나님께서 주도적으로 이루시는 거룩한 사역입니다. 하나님은 이 사역을 위해 전도자들을 부르십니다. 부르심을 받은 전도자들은 열정으로 주께 순종해야 합니다. 탁월한 복음전도자 사도 바울의 전도의 열정은 어떠했습니까?

복음전도를 위해 자신의 권리를 포기하였습니다.

사도 바울은 복음전도자로서 직분을 받은 것 자체를 매우 귀하게 여기고 있습니다. 자신이 복음을 전하는 것은 당연히 할 일이기에 만약 자신의 권리를 주장하는 것이 그리스도의 복음에 장애가 된다면 당연한 자신의 권리마저도 포기한다고 하였습니다. 사도 바울의 전도의 열정은 자신의 권리를 포기하면서까지 복음을 전하고자하는 것으로 나타났습니다. 만약 자신이 복음을 전하지 않으면 화(禍)가 있을 것이라고 생각하며 열정적으로 복음을 전했습니다. 탁월한 복음전도자, 열정적인 복음전도자가 되려면 이처럼 자기포기의 자세와 사역자로서의 순수성이 있어야 합니다. 왜냐하면 복음전도는 하나님의 사업이며 복음전도의 주체는 내가 아니라 성령이시고, 나는 단지 부르심을 받아 직분을 받은 자이기 때문입니다. 복음전도를 위해 당연한 자기권리를 포기하는 자세와 사역자로서의 순수성이 우리 안에 넘치기를 원합니다.

복음전도를 위해 자기 몸을 쳐 복종하였습니다.

사도 바울은 복음전도자로서 분명한 사역의 철학이 있었습니다. 첫째, 할 수 있으면 더 많은 사람들을 얻고자 했습니다. 더 많은 사람들을 얻기 위한 사도 바울의 전도의 열정은 스스로 사람들의 종이 되기까지 하는 것으로 나타났습니다. 얻고자 하는 사람들의 수준으로 자신을 철저하게 낮추었습니다. 둘째, 사람들 앞에서 보다는 하나님 앞에서 인정을 받고 상 받기를 원했습니다. 그러기 위해 운동선수처럼 전심전력하고 절제했습니다. 자신의 몸을 쳐 복종하게 하면서 죄와 싸웠고 분명한 목표를 향해 달음질하는 열정을 발휘하였습니다. 탁월한 복음전도자, 열정적인 복음전도자가 되려면 분명한 사역의 철학을 가지고 헌신해야 합니다. 주님이 주신 영혼구원의 비전가운데서 자신을 불태우는 열정으로 사십시오. 복음전도를 통해 많은 사람을 얻는 기쁨을 누리시길 축복합니다.

나누어볼까요?

열정적인 복음전도자가 되기 위해서는 어떻게 해야 하겠습니까?

합심기도합시다

1. 열정적인 복음전도자가 되도록
2. 함께 모인 성도와 지체들의 한 주간의 기도제목을 나누고 기도

제 17 과

전도자로서 준비

본문 / 고린도전서 2:1~5; 디모데후서 1:6~14 찬송 / 473장, 258장

오늘로서 전도에 관한 주제를 마칩니다. 다음 달부터는 제자양육을 주제로 다룰 것입니다. 오늘은 전도에 관한 마지막 주제로 전도자로서 어떤 준비를 해야 하는지에 대하여 살펴봅시다.

같이 풀어봅시다

내적인 준비

1 하나님의 증거를 전할 때의 사도 바울의 자세와 결심은 무엇입니까(고전 2:1,2)?

2 복음을 전할 때 사도 바울의 심정은 어떠했으며 그의 복음전도의 능력은 무엇입니까(고전 2:3,4)?

3 복음전도자가 가져야 할 복음에 대한 자세는 무엇입니까(고전 2:5; 요 14:6; 행 4:12)?

외적인 준비

4 하나님이 주신 은사는 무엇이며 복음전도자가 각오해야 할 것은 무엇입니까(딤후 1:6~8)?

5 우리를 부르신 이유와 목적은 무엇이며 고난에 대한 전도자의 자세는 어떠해야 합니까(딤후 1:9~12)?

6 탁월한 전도자 사도 바울의 간절한 권면의 내용은 무엇입니까(13,14절)?

메시지

조국과 세계를 살리는 길은 복음전도를 통해 영혼을 구원하는 것입니다. 주께서 쓰시는 탁월한 복음전도자가 되기 위해서는 준비되어야 합니다. 전도자로 살기 위해서 어떤 준비를 해야 합니까?

내적인 준비

내적인 준비란 하나님과의 바른 관계를 유지하며 전도자로서 준비하는 것입니다. 하나님과의 바른 관계를 유지하고 전도자로서 준비되기 위해서는 첫째, 기록된 말씀과 기도를 통해 하나님을 전적으로 의지하고 신뢰하는 자세를 가지며 하나님의 음성을 듣고 인도함을 받는 체험적인 신앙생활을 할 수 있어야 합니다. 둘째, 복음에 대한 절대적인 우월성을 가지고 성령 충만해야 합니다. 예수 그리스도의 피로 말미암은 죄 사함을 확신하고 육신의 소욕을 추구하지 않으며 성령의 지배를 받아 성령 안에서 생활해야 합니다. 셋째, 기도에의 헌신과 기도응답의 체험을 해야 합니다. 한 영혼을 하나님께 인도하고자 한다면 사단을 대적하는 기도를 할 수 있어야 하고 때에 따른 적절한 말씀을 달라고 기도할 줄 아는 자라야 합니다. 전도자가 사단의 주 공격대상이 되고 전도할 때 상황에 맞는 적절한 말씀은 복음전도의 강력한 도구가 되기 때문입니다.

외적인 준비

외적인 준비란 복음의 핵심 메시지를 전달할 수 있는 것을 말합니다. 복음의 핵심메시지를 전달하기 위해서는 첫째, 복음의 핵심메시지를 숙지하고 숙달해야 합니다. 복음의 핵심메시지가 잘 정리된 자료는 전도폭발의 복음제시부분, 사영리, 길5(ESF), 사도신경 등입니다. 복음의 핵심메시지를 숙지하고 전달하기 위해서 실제적인 전도훈련을 받을 필요가 있습니다. 둘째, 비전이 분명해야 합니다. 어찌하든지 영혼을 구원하고자 하는 목표와 실패를 두려워하지 않는 용기, 쉽게 포기하지 않는 끈기 있는 정신과 열정 등입니다. 어찌하든지 사람을 얻고자 하는 비전이 분명하지 않으면 복음의 핵심메시지를 제대로 전달할 수 없습니다. 셋째, 고난을 각오해야 합니다. 복음과 함께 고난 받는 것을 부끄러워하지 않고 오히려 즐거워하며 복음을 전파하는 것입니다. 복음의 씨앗이 뿌려진 곳에는 반드시 싹이 나고 열매가 맺힌다는 확신 가운데 불굴의 자세를 잃지 않는 전도자로 사는 것입니다.

나누어볼까요?

전도자로서 준비하고자 할 때 내게 가장 시급한 것은 무엇입니까?

합심기도합시다

1. 주께서 쓰시는 잘 준비된 전도자가 되도록
2. 함께 모인 성도와 지체들의 한 주간의 기도제목을 나누고 기도

제 18 과

제자양육의 의의

본문 / 요한복음 21:1~23　　　　　　찬송 / 514장, 512장

오늘날 교회의 여러 상황을 생각할 때 제자양육은 꼭 필요합니다. 내 어린양을 먹이라 하신 주님의 말씀을 생각할 때 제자양육은 단순한 프로그램 이상의 것입니다. 오늘부터 9주 정도 제자양육에 관하여 나누고자 합니다. 오늘은 제자양육의 의의가 무엇인지 살펴봅시다.

같이 풀어봅시다

흩어진 제자들을 다시 만나신 예수님

1 시몬 베드로를 비롯한 몇몇의 제자들이 어디에서 무엇을 하였으며 그 결과는 어떠했습니까(1~3절)?

2 예수께서는 언제 이들에게 오셨으며 제자들과의 관계성을 회복하시기 위하여 어떻게 하셨습니까(4~14절)?

내 어린양을 먹이라 하신 예수님

3 예수께서 베드로에게 세 번이나 질문하신 것과 베드로의 답변은 각각 무엇이었습니까(15~17절)?

4 주님을 사랑한다고 고백한 베드로에게 예수께서 무슨 말씀을 하셨습니까(15~17절)?

5 예수께서는 베드로가 어떠한 죽음을 맞이하리라고 하셨으며 그에게 어떠한 자세로 주님을 따르라고 하셨습니까(18~23절)?

메시지

오늘날 기독교의 심각한 문제는 그리스도인들에게서 주님의 제자다운 모습을 발견하기가 어렵다는 것입니다. 그러기에 제자양육이 절실히 필요합니다. 또한 주님과 베드로와의 대화에서 제자양육의 필요성과 그 의의를 찾아 볼 수 있습니다. 제자양육의 의의는 무엇입니까?

예수님의 유언적 말씀에 순종하는 것입니다.

베드로를 비롯한 몇몇 제자들은 주님의 죽으심에 절망하여 낙향하였습니다. 제자들은 정치적 메시아에 대한 기대를 가지고 주님을 따랐었지만 주님은 정치적 메시아가 아닌 하나님께서 약속하신 메시아로서 십자가에 죽으셨는데 제자들은 이러한 상황을 제대로 이해하지 못하고 하나님의 뜻과 구원역사보다는 자신들의 생각과 형편에 따라 행동했습니다. 그러나 부활하신 주님은 흩어진 제자들을 다시 만나시고 그들을 회복시키셨습니다. 예수님은 특히 베드로를 주목하시고 그와의 관계성을 회복하시고 말씀하시길 "내 어린양을 먹이라" 하셨습니다. 베드로를 향한 이 말씀은 곧 승천하사 제자들을 떠나실 주님의 유언적 말씀이었습니다. 그러므로 제자양육의 의의란 주님의 유언적 말씀에 순종하는 것입니다. 제자양육은 프로그램이 아니라 주님의 유언적 말씀에 적극적으로 순종하는 충성과 헌신입니다. 주님을 믿고 따른다면 주님의 유언적 말씀을 마음에 새기고 제자양육에 힘써야 합니다. 제자양육에 힘쓸 때 훈련된 일꾼들을 얻을 수 있고 이들을 통해 풍성한 전도의 열매를 거둘 수 있습니다.

예수님에 대한 사랑의 표현입니다.

베드로는 좌절과 낭패 속에서 물고기를 잡고자 하였지만 번번히 헛수고만 하였습니다. 그는 이제 주님이 없이는 물고기를 잡을 수 없는 사람이 되어 있었습니다. 주님을 그 누구보다도 열심히 따랐던 그는 그렇게 후회와 한숨으로 인생을 마칠 형편이었습니다. 그렇지만 주님은 그를 포기치 않으시고 찾아오시어 관계성을 회복하시고 "네가 나를 사랑하느냐"는 3번에 걸쳐 물으셨습니다. 베드로는 주님의 질문에 답을 하면서 주께 사랑을 고백하였습니다. 이에 주님은 나를 사랑한다면 내 어린양을 먹이라 하셨습니다. 베드로를 사랑하사 제자로 부르시고 훈련하셨던 주님, 파국을 맞을 것 같은 상황에서 포기치 않으시고 찾아오신 주님이 베드로에게 최종적으로 요구하신 것은 주님을 사랑할 것과 주님을 사랑한다면 내 어린양을 먹이라는 것이었습니다. 그러므로 내 어린양을 먹이라 하신 이 명령, 즉 제자양육은 주님에 대한 사랑의 표현입니다. 주님을 사랑한다면 누구나, 어떤 공동체나 제자양육을 해야 합니다. 주님을 사랑함으로 제자를 양육할 때 주님을 닮은 삶을 살게 됩니다.

나누어볼까요?

제자양육이 왜 필요한지, 그 의의가 무엇인지 서로 말해봅시다.

합심기도합시다

1. 주님을 사랑하여 주께 충성과 헌신을 할 수 있도록
2. 함께 모인 성도와 지체들의 한 주간의 기도제목을 나누고 기도

제19과 제자양육의 정의

본문 / 고린도전서 11:1, 마가복음 3:13~15, 누가복음 6:12,13, 요한복음 20:21
찬송 / 518장, 519장

하나님이 기뻐하시는 성숙한 믿음의 사람들을 얻기 위해서는 제자양육이 필요합니다. 우리가 제자양육을 하기 위해서는 제자란 어떤 사람이며, 제자양육이 무엇인지 알아야 합니다. 제자양육의 정의는 무엇입니까?

같이 풀어봅시다

제자는 양육을 받아 주님처럼 사는 사람

1 제자란 어떤 사람입니까(고전 11:1)?

2 제자란 누구에게 선택을 받은 사람입니까(막 3:13~15)?

3 제자란 무엇을 해야 하는 사람입니까(눅 6:12,13; 요 20:21)?

제자양육이란 사람들을 제자로 살도록 격려하는 것

4 사도 바울은 자신을 어떻게 소개하고 있습니까(고전 11:1상)?

5 사도 바울은 사람들을 어떻게 가르치고 있습니까(고전 11:1하)?

메시지

오늘날 우리에게 절실히 필요한 그리스도인은 주님을 닮은 그리스도인입니다. 주님을 닮은 성숙한 그리스도인은 그냥 얻어지는 것이 아닙니다. 이러한 그리스도인을 얻기 위해서는 제자양육을 해야 합니다. 그렇다면 제자양육의 정의는 무엇입니까?

제자가 무엇인지를 알게 하는 것

예수님의 제자란 예수님에게 선택을 받고 부르심을 받아 주님을 따르며 배우는 사람입니다. 자기 자신을 주님에게 온전히 의탁하고 주님이 보내신 곳에 가서 주께서 맡겨주신 사명을 감당하는 충성되고 헌신된 사람입니다. 유대 랍비세계에서는 제자가 선생을 선택하였습니다. 그러나 예수님은 선생이신 주님이 직접 제자를 선택하시고 부르셨습니다. 주도권이 전적으로 주님에게 있었습니다. 주님은 친히 주도권을 가지시고 제자들로 하여금 자신을 따르도록 하셨습니다. 오늘날 주님의 제자라고 할 때 넓은 의미로는 모든 그리스도인이라고 말할 수 있겠지만 모든 그리스도인들이 다 주님의 제자라고 하기에는 어폐가 있습니다. 진정한 주님의 제자는 제자로 부름 받았음을 확신하고 말씀과 성령 안에서 주님과 함께 하면서 주님을 배우는 사람들입니다. 주님의 진정한 제자는 삶과 사역의 현장에서 그리스도인다운 삶을 삽니다. 그리고 열매를 맺어 하나님께 영광을 돌립니다.

사람들을 제자로 살도록 섬기는 것

제자양육이란 다른 사람들을 예수님의 제자가 되도록 격려하는 과정입니다. 그 제자가 또 다른 사람들을 주님의 제자로 삼을 수 있을 정도로까지 섬기는 것입니다. 제자양육의 목적은 중생이나 그리스도인으로서 확신에 찬 삶을 살도록 돕는 수준을 넘어 양을 먹일 수 있는 목자로 살아가도록 하는 것입니다. 영적인 부모의 삶, 영적으로 재생산할 줄 아는 리더의 수준입니다. 중생은 성령 안에서 순간적으로 일어나지만 제자가 되는 것은 상당한 시간과 반복이 필요합니다. 때로는 고통스럽고 눈물을 흘리며 기도에 매달려야만 할 때가 많습니다. 제자양육의 전문가인 도슨은 "한 사람을 그리스도에게 이끄는 데는 20분에서 2시간 정도 걸리지만 어떤 사람을 영적으로 성장하게 해주는 제자양육의 과정은 6개월에서 2년이 걸린다."고 하였습니다. 사도바울은 자신이 주님을 본받은 자, 제자가 되었을 뿐만 아니라 제자가 된 자신을 본받으라고 하며 사람들을 격려하면서 주님의 제자로 살도록 섬겼습니다.

나누어볼까요?

지금 내가 주님의 제자로서의 삶을 살고 있는지 말해봅시다.

합심기도합시다

1. 주님의 제자로 살며 사역하는 삶을 살도록
2. 함께 모인 성도와 지체들의 한 주간의 기도제목을 나누고 기도

제20과 제자양육의 성경적 원리 1-선택

본문 / 누가복음 6:12~16; 마가복음 3:13~19 찬송 / 506장, 505장

제자양육은 주님이 맡기신 양을 주의 제자로 양육하는 것입니다. 그러므로 성경적 원리에 따라 제자양육을 해야 합니다. 성경은 제자양육의 원리를 말해주고 있는데 오늘은 제자양육의 첫번째 성경적 원리인 선택에 대하여 살펴봅시다.

같이 풀어봅시다

기도하시고 소수를 선택하신 예수님

1 예수께서는 열두제자들을 선택하시기전에 어떻게 기도하셨습니까(눅 6:12,13)?

2 예수께서 택하신 열두제자들은 누구입니까(눅 6:14~16; 막3:17~19)?

원하신 자들을 목적가운데서 부르신 예수님

3 예수께서는 부르신 자들은 어떤 자들었습니까(막 3:13)?

4 예수께서 제자들을 부르신 목적은 무엇이었습니까(막 3:14,15)?

5 제자양육에 있어 선택의 원리가 주는 교훈은 무엇이라고 생각합니까?

메시지

당시에는 제자가 스승을 선택하는 것이 일반적인 관례였습니다. 그러나 예수님은 제자들을 주도적으로 선택하시고 부르셨습니다. 선택은 제자양육의 첫번째 성경적 원리입니다. 예수께서는 제자들을 어떻게 선택하셨습니까?

기도하시고 소수를 선택하셨습니다.

예수께서는 온 세상을 구원하고자 하시는 계획 가운데 이 세상에 오셨습니다. 예수님은 이 원대한 계획을 이루시고자 기도하시고 소수의 사람들을 선택하셨습니다. 온 세상의 구원 역사는 사람들을 선택하시는 것으로 시작되었습니다. 예수님의 방법은 프로그램이 아니라 사람이었습니다. 제자양육의 첫 번째 원리는 소수의 사람들을 선택하는 것입니다. 사람들을 선택하기 위해서는 힘써 기도해야 합니다. 기도할 때 주님이 원하시는 사람이 어떤 사람인지를 분별할 수 있습니다. 전도는 모든 사람을 대상으로 해야 하지만 제자양육은 그렇지 않습니다. 예수님은 이 세상에 오셔서 대중을 끌어 모으기 위해 힘쓰지 않으셨습니다. 대중들이 따를 지도자, 즉 제자들을 양육하시고자 소수의 사람들에게 관심을 가지셨습니다. 이것은 주님의 복음사역의 전략이었습니다. 제자양육을 하기 위해서는 소수의 사람들을 얻어야 합니다. 그들을 선택해야 합니다. 그 소수는 한 사람일 수도 있습니다.

자기의 원하는 자들을 선택하셨습니다.

예수께서 선택하신 자들은 주님이 원하시는 사람들이었습니다. 제자들이 원해서가 아니라 주님이 원해서 주도적으로 부르신 것입니다. 이들은 첫째, 주님의 부르심에 순종하였습니다. 순종은 제자양육의 중요한 요소입니다. 불순종의 사람들은 제자로서 자격미달입니다. 그러므로 제자양육을 하고자 할 때 순종의 사람들을 찾아야 합니다. 둘째, 이들은 주님의 가르침에 영적인 반응을 보였던 자들입니다(요 1:36~39). 성경의 가르침을 깨닫는 것도 제자양육의 중요한 요소입니다. 성경의 가르침을 잘 깨닫지 못하는 사람들 또한 제자로서 자격미달입니다. 그러므로 제자양육을 하고자 할 때 성경에 대한 영적인 반응을 보이는 사람들을 찾아야 합니다. 또한 예수님의 부르심은 분명한 목적이 있으셨습니다. 주님은 제자들과 함께 하시고(교제) 그들을 통해 전도하도록 하며(전도) 귀신을 내어 쫓아 사람들을 섬기도록(봉사와 구제) 하기 위하여 제자들을 선택하셨습니다.

나누어볼까요?

제자양육을 위해 어떤 사람들을 어떻게 선택해야 하겠습니까?

합심기도합시다

1. 사람을 잘 선택하여 제자양육을 할 수 있도록
2. 함께 모인 성도와 지체들의 한 주간의 기도제목을 나누고 기도

제21과 제자양육의 성경적 원리 2-집중

본문 / 누가복음 22:14~23, 요한복음 13:1; 마태복음 12:46~49
찬송 / 492장, 499장

집중이란 한 지도자가 선택된 사람들에 대하여 집요한 관심을 가지고 목표가 뚜렷하게 이루어 질 때까지 자기 자신을 선택된 사람들에게 내어주는 것입니다. 오늘은 제자양육의 두 번째 성경적 원리인 집중에 대하여 살펴봅시다.

같이 풀어봅시다

늘 함께하신 예수님

1 예수께서는 누구와 함께 유월절을 보내셨습니까(눅 22:14~23)?

2 예수께서 제자들과 어떻게 늘 함께 하셨습니까(눅 8:23; 막6:31; 눅 22:39,40)?

끝까지 사랑하신 예수님

3 예수께서는 제자들을 어떻게 사랑하셨습니까(요 13:1)?

4 예수께서는 제자들을 얼마나 소중하게 여기셨습니까(마 12:46~49)?

5 제자양육에 있어서 집중의 원리가 주는 교훈은 무엇이라고 생각합니까?

메시지

사람들을 주님의 제자로 세우기 위해서는 그들에게 집중하는 목자의 사랑의 수고가 필요합니다. 집중은 제자양육의 두 번째 성경적 원리입니다. 예수께서는 제자들에게 어떻게 집중하셨습니까?

늘 함께 하심으로 집중하셨습니다.

예수께서는 선택하신 제자들과 늘 함께 하셨습니다. 어디를 가시거나, 위태로운 지경에 처했을 때 또는 쉬실 때나 기도하실 때에도 제자들과 동고동락하시며 그들을 섬기시며 가르치셨습니다. 예수님의 제자양육은 이론과 실제가 하나된 삶을 통하여 이루어졌습니다. 예수께서는 제자들과 함께 자신의 모든 것을 나누셨습니다. 자신이 가지신 시간과 주어진 자원을 풍성하게 베푸셨습니다. 예수님은 중요한 순간마다 제자들과 함께 하셨습니다. 자신의 죽음을 아신 주님은 유월절 만찬을 제자들과 함께 하셨습니다. 예수님의 마음 중심에는 제자들로 가득 찼습니다. 어머니가 하나 밖에 없는 자식에게 하듯 제자들에게 집중하셨습니다. 제자양육은 이렇게 양들에게 집중하는 목자에 의해서 이루어집니다. 목자의 사랑과 관심을 한 몸에 받은 양들은 성장할 수밖에 없습니다. 제자양육을 위해서는 양들에게 집중할 수 있는 목자들을 세워야 합니다.

끝까지 사랑하심으로 집중하셨습니다.

예수께서는 선택하신 제자들을 성부께서 부르시는 그날까지 끝까지 사랑하셨습니다. 사랑하는 제자가 배신할 것과 제자들이 주님이 죽으실 때에 흩어질 것을 아셨지만 그들을 책망하시기보다 끝까지 사랑하신 것입니다. 제자들을 끝까지 사랑하신 주님의 모습은 제자들에게 집중하시는 거룩하고 아름다운 목자의 모습입니다. 연약한 죄인인 사람을 끝까지 사랑하기란 쉽지 않습니다. 특히 자신을 배신할 것을 알면서도 사랑한다는 것은 주님의 마음을 품지 않으면 불가능합니다. 그러나 선택한 사람을 주님의 제자로 세우려면 주님처럼 그들을 끝까지 사랑해야 합니다. 끝까지 사랑하면서 제자양육을 할 때 열매를 맺게 됩니다. 또한 주님은 제자들을 혈연관계에 있는 사람들보다 더 우선하시며 소중하게 여기셨습니다. 우선권을 가지시고 제자양육을 하셨습니다. 제자양육을 하는 목자는 양들에 대한 분명한 우선권을 가져야합니다. 양들에 대한 우선권을 가진 목자만이 제자양육을 감당할 수 있습니다.

나누어볼까요?

제자양육을 할 때 사람들에게 집중하려면 어떻게 해야 하는지 말해봅시다.

합심기도합시다

1. 선택한 사람들에게 집중할 수 있도록
2. 함께 모인 성도와 지체들의 한 주간의 기도제목을 나누고 기도

제22과 제자양육의 성경적 원리3-헌신

본문 / 마가복음 10:45; 빌립보서 2:6~8; 마가복음 8:34~38
찬송 / 351장, 348장

예수님은 성부 하나님께 헌신하셨고 제자들에게 헌신을 요구하셨습니다. 헌신(獻身)은 주의 부르심대로 살고자 자신의 몸을 바치는 것입니다. 주님의 제자로 살기 위해서는 헌신해야 합니다. 헌신이 없이는 주님의 제자가 될 수 없습니다. 오늘은 제자양육의 세 번째 원리인 헌신에 대하여 살펴봅시다.

같이 풀어봅시다

헌신하신 예수님

1 예수님은 이 땅에 오신 목적이 무엇이라고 하셨습니까(막 10:45)?

2 예수님은 본래 어떤 분이셨으며 어떻게 헌신하셨습니까(빌 2:6~8)?

헌신을 요구하신 예수님

3 예수님은 주님을 따르려고 하는 자들에게 어떻게 주를 좇아야 한다고 하셨습니까(막 8:34)?

4 예수님을 따르는 자들은 어떤 자세를 가져야 합니까(막 8:35~38)?

5 제자양육에 있어서 헌신의 훈련이 왜 중요하다고 생각합니까?

메시지

주님의 제자는 헌신하는 사람입니다. 헌신하지 않으면 결코 주님의 제자가 될 수 없습니다. 그러므로 제자양육에 있어서 헌신의 훈련은 중요합니다. 제자양육에 있어 헌신의 훈련을 어떻게 해야 하겠습니까?

먼저 본을 보여야 합니다.

제자양육은 이론으로만 되는 것이 아닙니다. 훈련하는 목자의 본이 우선되어야 합니다. 훈련하는 자가 본을 보이지 않으면 제자양육은 제대로 이루어지지 않습니다. 예수님의 삶과 사역은 제자들의 본이 되었습니다. 예수님은 죄의 노예로 살고 있는 인류를 구원하시기 위해 다른 사람을 보내시지 않으셨습니다. 하나님이신 주님이 직접 인간의 몸을 입고 이 땅에 오셔서 종으로 사셨고 결국에는 자기 목숨을 바치셨습니다. 진정한 헌신이 또 다른 헌신을 낳는 법입니다. 제대로 된 제자양육을 위해서는 헌신하는 목자가 있어야 합니다. 헌신하는 목자가 없이는 제자양육을 제대로 할 수 없습니다. 한 사람을 주의 제자로 세우기 위해 내가 가진 시간과 물질, 마음과 몸을 내어놓는 것이 헌신입니다. 헌신을 해야만 주님의 마음을 알게 되고 주님의 인격을 닮게 됩니다. 주님의 마음을 알고 주님의 인격을 닮은 자가 진정한 제자입니다. 주님의 마음을 알고 주님의 인격을 닮는 은혜를 누리시길 바랍니다.

헌신을 요구해야 합니다.

진정한 주님의 제자로 사람들을 세우기 위해서는 헌신을 요구해야 합니다. 주와 복음을 위한 헌신을 요구하지 않으면 사람들은 헌신하지 않습니다. 주께 헌신하는 것을 잊어버리고 오히려 다른 것에 헌신합니다. 예수님은 제자들에게 절대적인 충성과 순종을 통한 헌신을 요구하셨습니다. 주님의 이러한 헌신의 요구는 오늘날도 유효합니다. 주를 따르는 우리가 주와 복음을 위해 헌신해야만 사단의 권세를 물리칠 수 있고 하나님의 나라를 세워갈 수 있습니다. 헌신을 요구할 때는 구체적이어야 합니다. 언제 어떻게 무엇을 해야 하는지를 자세하게 말해주어야 합니다. 사람들은 애매모호한 것보다는 구체적인 일에 헌신을 더 잘합니다. 또한 인간적인 생각 가운데 머뭇거리기보다는 확신가운데 담대하게 헌신을 요구해야 합니다. 제자양육은 나의 개인적인 일이 아니라 주님의 일이기 때문입니다. 헌신은 주님을 아는 최상의 길입니다. 헌신하는 자만이 주님을 압니다.

나누어볼까요?

헌신의 방해가 되는 요소들은 무엇이며 어떻게 극복할 수 있는지 말해봅시다.

합심기도합시다

1. 주와 복음을 위하여 헌신하는 자가 되도록.
2. 함께 모인 성도와 지체들의 한 주간의 기도제목을 나누고 기도.

제23과 제자양육의 성경적 원리4-시범

본문 / 요한복음 13:3~15　　　　　　　　찬송 / 270장, 517장

예수님은 모범을 보이심으로 제자들이 어떻게 살아야 하는지를 가르치셨습니다. 시범은 제자를 양육하는 목자가 모범을 보임으로 양들을 가르치는 거룩한 수고입니다. 목자의 시범은 양들에게 깊은 인상을 심어주고 인격화된 가르침으로 남습니다. 오늘은 제자양육의 네 번째 원리인 시범에 대하여 살펴봅시다.

같이 풀어봅시다

제자들의 발을 씻기신 예수님

1 예수께서는 최후의 만찬자리에서 무엇을 하셨습니까(3~5절)?

2 시몬 베드로의 처음 반응은 어떠했으며 결국은 어떻게 되었습니까(6~11절)?

본을 보이심으로 가르치신 예수님

3 예수께서 제자들의 발을 씻기신 이유가 무엇이라고 하셨습니까(12~15절)?

4 예수님의 제자 공동체 안에서 서로의 발을 씻긴다는 것은 무슨 의미입니까?

5 제자양육에 있어 시범의 원리가 주는 교훈은 무엇이라고 생각합니까?

메시지

예수님의 제자양육은 실제적인 삶의 현장에서 이루어졌습니다. 예수님은 유월절 전날 제자들과 최후의 만찬을 드실 때에 제자들의 발을 씻기시는 시범을 통해 인상적인 가르침을 주셨습니다. 시범을 보이며 제자양육을 하려면 어떻게 해야 합니까?

가르쳐야 할 것을 알아야 합니다.

시범을 보이며 주님이 기뻐하시는 제자양육을 하기 위해서는 무엇을 가르쳐야 할 것인지를 알아야 합니다. 예수님은 기도하는 법(눅 9:28~32; 22:39~46), 성경을 사용하는 법(눅 4:17~21), 영혼을 구원하는 법(요 4:1~26; 눅 19:1~10)등에 대하여 시범을 보이심으로 하나님 아버지와 대화하는 것, 성경의 중요성과 사용방법, 전도에 대하여 가르치셨습니다. 제자는 기도를 통하여 하나님과 대화하며 영적인 힘을 공급받을 줄 알아야 합니다. 제자는 하나님의 말씀인 성경을 알고 성경을 시의 적절하게 가르치며 사용할 줄 알아야 합니다. 제자는 전도를 통하여 영혼을 구원할 수 있어야 합니다. 그러므로 제자훈련을 하는 목자는 양들에게 이러한 기본적인 사항들을 가르쳐야 합니다. 양들에게 감동을 주고 인격화된 가르침을 하기 위해서는 시범을 보이는 가르침이어야 합니다. 기도하는 것과 성경을 가르치는 것, 전도하는 것에 본을 보이며 목자의 삶을 사는 자가 참된 주님의 제자를 얻고 세울 수 있습니다.

종처럼 낮아지는 자세를 가져야 합니다.

시범을 보이며 주님이 기뻐하시는 제자양육을 하기 위해서는 종처럼 낮아지는 자세를 가져야합니다. 목자가 종처럼 낮아지지 않으면 결코 본을 보이는 가르침을 할 수 없습니다. 예수님은 종처럼 낮아지셔서 제자들의 냄새나는 발을 씻기셨습니다. 제자들은 주님의 이러한 행위를 잘 이해하지 못했지만 깊은 인상으로 남았으며 성령의 충만함을 받은 후에는 자신들도 발 씻기는 종의 삶과 사역을 감당할 수 있었습니다. 제자양육은 사람을 사랑하고 섬기는 수고입니다. 이 일은 결코 쉽지 않습니다. 왜냐하면 사람은 죄인이기 때문입니다. 죄인은 교만하여 자기만을 생각합니다. 그러기에 죄인이 죄인을 사랑하고 섬기는 제자양육은 기적입니다. 이 기적은 오직 성령 안에서 종노릇할 때만이 가능합니다. 성령 안에서 종노릇하는 삶과 사역이야말로 주님의 제자를 얻고 세우는 최고의 방법입니다. 사도바울은 "내가 모든 사람에게 자유 하였으나 스스로 모든 사람에게 종이 된 것은 더 많은 사람을 얻고자 함이라"(고전 9:19)고 하였습니다.

나누어볼까요?

종처럼 낮아지는 삶과 사역을 감당하기 위해 어떻게 할 것인지 말해봅시다.

합심기도합시다

1. 제자양육을 하면서 나를 본받으라고 담대히 가르칠 수 있도록
2. 함께 모인 성도와 지체들의 한 주간의 기도제목을 나누고 기도

제24과 제자양육의 성경적 원리5-위임과 점검

■ 본문 / 마태복음 4:18~22; 누가복음 10:17~20　　찬송 / 358장, 359장

위임은 맡기는 것이요, 점검은 맡긴 것을 감독하는 것입니다. 위임하고 점검하는 것이 모순 같이 보이지만 예수님은 제자들에게 자신의 사역을 위임하셨고 계속적인 점검을 통하여 제자를 양육하셨습니다. 오늘은 제자양육의 다섯 번째 원리인 위임과 점검에 대하여 살펴봅시다.

같이 풀어봅시다

제자들을 사람 낚는 어부로 부르신 예수님

1 예수께서는 어부의 직업을 가진 제자들을 어떻게 부르셨습니까(마 4:18~19)?

2 부름을 받은 제자들의 반응은 어떠했습니까(마 4:20~22)?

제자들의 사역보고를 받으신 예수님

3 제자들이 예수께 돌아와 보고한 내용은 무엇입니까(눅 10:17)?

4 제자들의 사역보고를 받으신 예수님이 하신 말씀은 무엇입니까(눅 10:18~20)?

5 제자양육에 있어 위임과 점검은 어떤 관계라고 생각합니까?

메시지

제자양육은 저절로 되는 것도 아니고 알아서 하도록 내버려두는 것도 아닙니다. 분명하게 사명을 맡기고 계속해서 점검함으로 이루어집니다. 예수께서는 제자들에게 위임하셨고 또한 점검하셨습니다. 제자양육을 할 때 위임과 점검을 어떻게 해야 하겠습니까?

위임은 구체적이고 과감하게

제자양육에 있어서 위임이란 어떤 일을 맡겨 그 일을 감당함으로서 영적으로 성장하도록 훈련하는 것입니다. 예수께서는 제자들을 사람을 낚는 어부로 부르신 후에 하나님과의 바른 관계를 맺는 것과 어떻게 사역을 하는지를 가르치시고 훈련하셨습니다. 그리고 사역을 맡기셨습니다. 위임은 아무에게나 하는 것이 아닙니다. 훈련되고 준비된 자들에게 해야 합니다. 예수님은 전도하는 것(눅 9:1~6), 사람들을 먹이고 섬기는 것(눅 9:10~17) 등을 매우 구체적이고도 과감하게 제자들에게 위임하셨습니다. 제자들은 이러한 훈련의 과정을 통해 주님이 원하시는 모습으로 변화되어 갔습니다. 결국 예수님은 온 세상에 복음을 전파하고 하나님 나라를 건설하는 사역을 제자들에게 맡기시고 승천하셨습니다. 위임은 구체적이고 과감해야 합니다. 구체적이지 않으면 무엇을 해야 할지를 제대로 간파하지 못합니다. 과감하지 않으면 제대로 위임이 되지 않습니다. 구체적이고 과감한 위임은 건실한 제자를 얻고 세우게 됩니다.

점검은 끊임없이 격려함으로

제자양육에 있어 점검은 위임받은 사람과 과업을 동시에 감독함으로 사람은 성장하게 하고 과업은 완수하게 합니다. 그러므로 점검은 끊임없는 수고와 격려가 있어야 합니다. 예수님은 제자들을 전도하도록 파송하신 후에 그들이 돌아와 사역보고를 하도록 하셨습니다. 놀라운 성과를 거둔 것을 칭찬하시고 제자들을 인정해 주셨습니다. 그렇지만 본질을 잃지 않도록 권면하시는 것도 잊지 않으셨습니다. 제자들을 향한 예수님의 이러한 사역은 계속적인 것이었습니다(막 6:30; 눅 9:10). 복음사역의 현장은 끊임없이 변화합니다. 적절한 대처를 하지 않으면 복음역사가 낭패를 당할 수도 있습니다. 복음역사의 낭패는 곧 제자를 잃는 경우가 되기도 합니다. 그러므로 끊임없이 점검해야 합니다. 실패하여 낙심된 자들을 위로하고 격려하며 일으켜 세우기도 하고, 성공하여 기쁨에 찬 이들을 칭찬하고 인정해 주며 본질을 잃지 않도록 권면해 주어야 합니다. 끊임없이 격려하며 점검하는 것이 제자양육입니다.

나누어볼까요?

제자양육을 할 때 위임만 하는지 아니면 위임하고 점검도 하는지 말해봅시다.

합심기도합시다

1. 위임하고 점검하는 제자양육을 잘 감당할 수 있도록
2. 함께 모인 성도와 지체들의 한 주간의 기도제목을 나누고 기도

제25과 제자양육의 성경적 원리6-재생산

본문 / 요한복음 15:16; 21:15~17; 베드로전서 5:1~4　　찬송 / 350장, 271장

재생산이란 제자가 또 다른 제자를 얻고 세우는 것입니다. 예수님은 제자들에게 재생산을 기대하셨고 제자들은 재생산을 잘 감당하였습니다. 만약 재생산이 이루어지 않았다면 복음역사는 중단되었을 것입니다. 오늘은 제자양육의 여섯 번째 원리인 재생산에 대해 살펴봅시다.

같이 풀어봅시다

재생산을 기대하신 예수님

1 예수께서는 제자들은 택하여 세우신 이유가 무엇이라고 하셨습니까(요 15:16)?

2 예수께서는 베드로에게 어떤 삶을 살라고 하셨습니까(요 21:15~17)?

중단될 수 없는 제자양육

3 베드로는 양을 먹이는 목자의 자세가 어떠해야 한다고 하였습니까(벧전 5:1~3)?

4 제자양육을 잘 감당하는 자에게 주어지는 상급은 무엇입니까(벧전 5:4)?

5 제자양육에 있어서 재생산의 원리가 주는 교훈은 무엇이라고 생각합니까?

메시지

제자양육의 실제는 충성된 사람들을 찾아서 그들에게 복음을 전하고 말씀과 사랑으로 양육하여 그들이 또 다른 충성된 사람들을 찾아 복음을 전하고 말씀과 사랑으로 양들을 양육하게 하는 것입니다. 그렇다면 제자양육은 구체적으로 어떻게 이루어져야 합니까?

일대일과 그룹으로 할 수 있습니다.

한 명의 목자가 한 명의 양을 일대일로 만나서 제자양육을 하는 경우와 한 명의 목자가 여러 명의 양들과 함께 그룹으로 하는 경우입니다. 일대일로 하는 경우는 목자와 양이 자유롭게 언제 어디에서나 제자양육을 할 수 있습니다. 목자와 양이 깊은 인격적인 관계성 가운데 복음을 전하고 성경의 진리를 나눌 수 있으며 개인적인 문제의 상담과 치유도 용이합니다. 그룹으로 하는 경우는 다양한 사람들과 다양한 경험을 하며 서로를 이해하고 섬기는 가운데 제자양육을 할 수 있습니다. 준비된 목자는 먼저 제자양육의 대상자를 얻어야 합니다. 개인 전도를 하거나 주변에서 신실한 성도를 선택해야 합니다. 대상자를 얻었으면 시간과 장소, 양육방법과 훈련과제 등을 약속하고 지금까지 살펴 본 성경적인 원리에 따라 양육을 해야 합니다. 목자는 선택한 양에게 집중하고 헌신해야 합니다. 시범을 보이며 가르쳐야 하고 위임과 점검을 통해 성장하도록 섬기며 돕고 재생산의 비전을 심어주어야 합니다.

위험요소들을 극복해야 합니다.

제자양육은 매우 인격적이고 친밀한 관계를 중심으로 이루어지기 때문에 위험요소가 있습니다. 그것은 첫째, 율법주의가 될 수 있습니다. 양육프로그램이나 훈련의 규칙 등이 너무 인위적인 요소에 얽매이게 되면 목자가 양들을 판단하고 정죄할 수 있습니다. 제자양육에는 어는 정도의 규칙이 필요하지만 율법주의로 변질해서는 안 됩니다. 둘째, 사람중심주의가 될 수 있습니다. 주님이 내게 맡겨주신 주님의 양인데 목자 의존적인 사람으로 만들어 목자가 양의 생활을 통제함으로 개개인의 책임과 성숙, 자기 자신의 의미까지도 상실하게 하는 경우입니다. 목자는 양들이 참 목자장이신 예수님에게 의지하도록 해야 합니다. 셋째, 당파적 분열을 초래할 수 있습니다. 한 사람이나 소수가 지배하는 식의 제자양육이 될 때 "나는 바울파 아볼로파 게바파 그리스도파(고전1:12)"와 같은 갈등이 생길 수 있습니다. 이러한 위험요소들을 간파하고 극복해야 주님이 기뻐하시는 제자양육을 할 수 있습니다.

나누어볼까요?

제자양육을 할 때 가장 큰 어려움이 무엇이라고 생각하는지 말해봅시다.

합심기도합시다

1. 제자가 또 다른 제자를 얻고 세우는 재생산이 끊이지 않도록
2. 함께 모인 성도와 지체들의 한 주간의 기도제목을 나누고 기도

제 26 과

제자양육의 실제

본문 / 디모데후서 2:1~4　　　　찬송 / 370장, 387장

지금까지 제자양육이 무엇인가를 성경적인 원리의 측면에서 살펴보았습니다. 제자양육이 무엇인지를 알았다면 이제 실행해야 합니다. 오늘은 제자양육에 대한 마지막 시간으로 제자양육의 실제에 대하여 살펴봅시다.

같이 풀어봅시다

충성된 사람들에게 부탁하라

1 사도 바울이 디모데에게 제자양육을 시작하기 전에 어떠해야한다고 권면하였습니까(1절)?

2 2. 사도 바울은 디모데에게 어떻게 제자양육을 감당하라고 하였습니까(2절)?

좋은 군사의 마음을 가지라

3 제자양육을 감당하는 자는 어떤 마음을 가져야 합니까(3절)?

4 제자양육을 감당하는 자는 어떤 자세로 살아야 합니까(4절)?

5 주와 복음을 위한 충성된 사람들이 주변에 있다면 어떤 이들이 있습니까?

메시지

제자양육의 실제는 충성된 사람들을 찾아서 그들에게 복음을 전하고 말씀과 사랑으로 양육하여 그들이 또 다른 충성된 사람들을 찾아 복음을 전하고 말씀과 사랑으로 양들을 양육하게 하는 것입니다. 그렇다면 제자양육은 구체적으로 어떻게 이루어져야 합니까?

일대일과 그룹으로 할 수 있습니다.

한 명의 목자가 한 명의 양을 일대일로 만나서 제자양육을 하는 경우와 한 명의 목자가 여러 명의 양들과 함께 그룹으로 하는 경우입니다. 일대일로 하는 경우는 목자와 양이 자유롭게 언제 어디에서나 제자양육을 할 수 있습니다. 목자와 양이 깊은 인격적인 관계성 가운데 복음을 전하고 성경의 진리를 나눌 수 있으며 개인적인 문제의 상담과 치유도 용이합니다. 그룹으로 하는 경우는 다양한 사람들과 다양한 경험을 하며 서로를 이해하고 섬기는 가운데 제자양육을 할 수 있습니다. 준비된 목자는 먼저 제자양육의 대상자를 얻어야 합니다. 개인 전도를 하거나 주변에서 신실한 성도를 선택해야 합니다. 대상자를 얻었으면 시간과 장소, 양육방법과 훈련과제 등을 약속하고 지금까지 살펴 본 성경적인 원리에 따라 양육을 해야 합니다. 목자는 선택한 양에게 집중하고 헌신해야 합니다. 시범을 보이며 가르쳐야 하고 위임과 점검을 통해 성장하도록 섬기며 돕고 재생산의 비전을 심어주어야 합니다.

위험요소들을 극복해야 합니다.

제자양육은 매우 인격적이고 친밀한 관계를 중심으로 이루어지기 때문에 위험요소가 있습니다. 그것은 첫째, 율법주의가 될 수 있습니다. 양육프로그램이나 훈련의 규칙 등이 너무 인위적인 요소에 얽매이게 되면 목자가 양들을 판단하고 정죄할 수 있습니다. 제자양육에는 어느 정도의 규칙이 필요하지만 율법주의로 변질해서는 안 됩니다. 둘째, 사람중심주의가 될 수 있습니다. 주님이 내게 맡겨주신 주님의 양인데 목자 의존적인 사람으로 만들어 목자가 양의 생활을 통제함으로 개개인의 책임과 성숙, 자기 자신의 의미까지도 상실하게 하는 경우입니다. 목자는 양들이 참 목자장이신 예수님에게 의지하도록 해야 합니다. 셋째, 당파적 분열을 초래할 수 있습니다. 한 사람이나 소수가 지배하는 식의 제자양육이 될 때 "나는 바울파 아볼로파 게바파 그리스도파(고전 1:12)"와 같은 갈등이 생길 수 있습니다. 이러한 위험요소들을 간파하고 극복해야 주님이 기뻐하시는 제자양육을 할 수 있습니다.

나누어볼까요?

제자양육을 할 때 가장 큰 어려움이 무엇이라고 생각하는지 말해봅시다.

합심기도합시다

1. 제자양육의 위험요소를 극복하고 양육이 이루어지도록
2. 함께 모인 성도와 지체들의 한 주간의 기도제목을 나누고 기도

제 27 과 성서한국을 소망하며 기도하자

본문 / 느헤미야 1:1~11 찬송 / 36장, 483장

지금까지 전도, 제자양육에 대한 주제를 다루었습니다. 오늘부터는 성서한국의 주제를 다루고자 합니다. 느헤미야서를 중심으로 성서한국의 성경적 원리를 나누길 원합니다. 오늘은 성서한국과 기도에 대하여 살펴봅시다.

같이 풀어봅시다

조국의 문제에 관심을 가지라

1 느헤미야는 어떤 소식을 듣게 되었습니까(1~3절)?

2 조국의 비참한 소식을 들은 느헤미야는 무엇을 하였으며 어떠한 하나님을 의지하였습니까(4~5절)?

조국을 위하여 기도하라

3 느헤미야는 어떤 자세로 기도하였습니까(6~8절)?

4 느헤미야의 간절한 기도의 제목은 무엇입니까(9~11절)?

5 조국의 문제를 알고 기도하는 것이 성서한국과 무슨 관계가 있겠습니까?

메시지

성서한국이란 성서위에 한국을 세우고자하는 것입니다. 성경적 가치관에 근거하여 대한민국을 새롭게 세우고자 하는 새 조국 건설의 비전입니다. 이 놀라운 비전을 이루려면 어떻게 해야 하겠습니까?

성서한국의 비전을 품어야합니다.

성서한국을 이루려면 이 비전을 품은 자들이 있어야 합니다. 성서한국의 비전으로 불타오르는 열정의 사람들이 도처에서 일어나야 합니다. 성서한국의 비전을 품기 위해서는 조국을 뜨겁게 사랑해야 합니다. 느헤미야는 비록 자신이 조국을 떠나 페르샤 왕궁의 고위관직에 있었지만 한시도 조국을 잊지 않았습니다. 그의 가슴에는 사랑하는 조국이 있었습니다. 조국에서 들려오는 소식들에 관심을 가졌습니다. 조국의 비참한 소식을 듣고 파괴된 조국을 재건하고자 하는 비전을 갖게 되었습니다. 수산 궁에서 편안한 생활을 즐길 수도 있었지만 그는 자신의 안락함보다는 조국에 대한 사랑으로 파괴된 조국을 재건하고자 하는 비전을 품은 것입니다. 성서한국의 비전은 조국을 뜨겁게 사랑하는 하나님의 사람들을 통해 이루어집니다. 개인적인 관심사보다는 조국의 문제에 더 관심을 가지고 혼란에 빠진 조국을 구하고자 성경적인 가치관에 따라 대안을 제시하는 기독인들이 있을 때 성서한국은 이루어집니다.

성서한국의 비전을 품고 기도해야합니다.

하나님이 주신 비전은 인간적인 열정으로 이룰 수 있는 것이 아닙니다. 그러기에 성서한국의 비전을 품었다면 기도에 헌신해야 합니다. 성서한국의 비전을 가슴에 품고 기도하는 사람들이 도처에서 일어날 때 성서한국은 가능합니다. 느헤미야는 조국재건을 소망하며 기도하였습니다. 그는 기도의 대상을 잘 알고 기도하였습니다. 하늘의 하나님, 크고 두려우신 하나님, 약속의 하나님을 붙잡고 매달렸습니다. 그는 자신의 형편을 잘 알고 기도하였습니다. 조국의 문제가 조상들과 자신의 죄로 인한 것이라는 것을 알았기에 금식하며 눈물로 회개하며 기도하였습니다. 그는 분명한 기도제목을 가지고 기도하였습니다. 파괴된 조국의 재건, 자신이 이 일에 헌신하겠다는 것, 그리고 실제적인 왕의 도움을 구한 것입니다. 성서한국을 이루실 이는 하나님이십니다. 하나님께서는 성서한국의 비전을 품고 기도하는 자들을 통하여 이 놀라운 비전을 성취하실 것입니다. 그러므로 성서한국을 소망한다면 하나님께서 쓰실 만한 기도의 용사들이 되어야 합니다.

나누어볼까요?

성서한국의 비전이 나의 비전이 되었는지 말해봅시다.

합심기도합시다

1. 성서한국의 비전을 확실하게 붙잡을 수 있도록
2. 함께 모인 성도와 지체들의 한 주간의 기도제목을 나누고 기도

제 28 과 성서한국운동을 시작하자

본문 / 느헤미야 2:1~20 찬송 / 480장, 260장

성서한국은 이 비전을 품고 기도하는 자들이 움직임으로 시작됩니다. 작은 시작이 거대한 운동으로 발전해야 성서한국은 가능합니다. 하나님께서는 이 놀라운 일에 헌신하는 자들을 찾으십니다. 오늘은 성서한국과 이 운동의 시작에 대하여 살펴봅시다.

같이 풀어봅시다

계획을 세우라

1 조국 재건을 위하여 기도하던 느헤미야에게 찾아온 위기와 기회는 무엇입니까(1~4절)?

2 조국의 재건을 위하여 기도했던 느헤미야는 어떤 계획을 세웠습니까(5~8절)?

계획을 실행하라

3 하나님께서는 느헤미야를 어떻게 도우셨습니까(8하~10절)?

4 느헤미야는 예루살렘에 도착하자마자 무엇을 하였습니까(11~20절)?

5 조국재건의 위대한 사명을 감당하는 느헤미야에게서 배울 수 있는 것은 무엇입니까?

메시지

성서한국은 각각의 영역에서 하나님의 부르심을 좇아 헌신하는 이들을 통해 이루어집니다. 하나님의 부르심을 좇아 각각의 영역에서 성서한국운동을 시작하려면 어떻게 해야 하겠습니까?

계획을 세워야합니다.

비전을 가진 사람은 그 비전에 걸 맞는 계획을 세울 수 있어야 합니다. 성서한국을 이루고자하는 열정이 있다면 각자의 영역에서 성서한국을 위한 좋은 계획을 세워야합니다. 좋은 계획이 되려면 첫째, 하나님의 영광을 드러낼 수 있는 것이어야 합니다. 하나님께서 원하시는 목적과 방법이어야 합니다. 둘째, 실현가능성이 있어야 합니다. 너무 허무맹랑하여 실현가능성이 없다면 계획으로만 끝나게 되고 그 의미를 상실합니다. 셋째, 구체적이어야 합니다. 계획이 구체적이어야 혼신의 힘을 다하여 집중할 수 있고 주어진 시간을 규모 있게 사용할 수 있습니다. 넷째, 사람들에게 신뢰감을 줄 수 있어야 합니다. 특히 자신에게 결정적인 영향력을 행사할 수 있는 사람에게 신뢰감을 주며 그를 강력한 후원자로 만들 수도 있어야 합니다. 성서한국을 위한 좋은 계획은 정확하게 잘 만들어진 설계도와 같습니다. 정확하지도 않고 제대로 만들어지지 않은 설계도를 가지고 건물을 세울 수는 없습니다. 성서한국을 원한다면 각자의 영역에서 성서한국의 분명한 그림을 그릴 수 있어야 합니다.

계획을 실행해야합니다.

대업을 이루려면 좋은 계획과 그 계획에 걸 맞는 실천력이 있어야 합니다. 성서한국을 위한 좋은 계획을 세웠다면 실행해야 합니다. 성서한국을 위해 자신의 계획을 실행하려고 한다면 두 가지 중요한 요소를 갖추어야 합니다. 첫째, 지도자로서의 은밀성입니다. 자신을 따르는 사람들보다 먼저 생각하고 먼저 행동하고 먼저 필요한 것들을 준비할 줄 아는 것입니다. 은밀하게 자신을 헌신할 줄 아는 사람이 대업을 이룰 수 있습니다. 느헤미야는 예루살렘에 도착하여 삼일을 기다린 후에 비밀리에 무너진 성벽을 시찰하며 자신이 무엇을 해야 할 것인지를 파악하였습니다. 둘째, 지도자로서의 영향력입니다. 영향력이 없이는 사람을 얻을 수 없고 사람을 얻지 못하면 제대로 리더십을 발휘할 수 없으며 자신이 가진 좋은 계획을 실행할 수도 없습니다. 동역자를 얻는 영향력이 있는 사람이 대업을 이룰 수 있습니다. 느헤미야는 하나님의 때를 기다리다 백성들에게 성벽재건 역사에 동참할 것을 직접적으로 호소하였습니다. 백성들은 감동을 받아 그의 동역자가 되었습니다.

나누어볼까요?

성서한국의 비전속에서 내가 지금 시작해야 할 일은 무엇인지 말해봅시다.

합심기도합시다

1. 성서한국운동을 시작할 수 있도록
2. 함께 모인 성도와 지체들의 한 주간의 기도제목을 나누고 기도

제 29 과 성서한국의 장벽을 돌파하자

본문 / 느헤미야 4:1~23　　　찬송 / 401장, 395장

성서한국은 쉽게 이루어지지 않습니다. 돌파해야 할 장벽들이 있습니다. 그것은 외부적 요인(느4장), 내부적 요인(느5장), 여러 가지 시험(느6장) 등으로 나타납니다. 오늘은 느헤미야 4장을 중심으로 성서한국과 장벽돌파에 대하여 살펴봅시다.

같이 풀어봅시다

먼저 하나님께 나아가라

1 성벽중건역사에 어떤 방해가 있었습니까(1~3, 7~10절)?

2 성벽중건역사의 장벽을 만난 느헤미야는 먼저 무엇을 했습니까(4~5, 14~15절)?

실제적인 대비책을 마련하라

3 하나님께 나아가 기도했던 느헤미야는 어떤 대비책을 마련하였습니까(4~6, 9, 12~14절)?

4 성벽중건역사의 장벽돌파를 위한 백성들의 헌신은 어떠하였습니까(15~23절)?

5 기도하면서 실제적인 대비책을 마련하고 장벽을 돌파하는 느헤미야에게서 배울 수 있는 것은 무엇입니까?

메시지

성서한국은 하나님이 주신 비전이며 거룩한 하나님의 일이기에 대적들의 위협이 반드시 있습니다. 그것들은 성서한국을 위해 돌파해야 할 장벽들입니다. 성서한국의 길을 가로막고 있는 장벽들을 어떻게 돌파해야 하겠습니까?

먼저 하나님께 무릎 꿇어야합니다.

하나님의 큰일 일수록 돌파해야 할 장벽들이 많습니다. 비전을 품은 자들이 장벽을 돌파해내지 못한다면 하나님이 주신 대업을 이룰 수 없습니다. 기필코 성서한국의 비전을 이루고자 한다면 성서한국의 장벽을 돌파하는 지혜와 능력을 발휘해야 합니다. 진정한 지혜와 능력은 하나님입니다. 그러기에 장벽에 부딪쳤을 때 먼저 하나님께 무릎을 꿇어야 합니다. 죠지 뮬러는 "무릎으로 인생의 싸움을 싸우는 것을 배우지 못한 사람은 아직도 기독교 신앙의 ABC를 모르는 사람입니다."라고 하였습니다. 느헤미야는 산발랏과 도비야, 아라비아 사람들, 암몬 사람들과 아스돗 사람들의 방해공작과 위협에 굴복하거나 포기치 않았고 하나님께 나아가 기도함으로 돌파를 시도하였습니다(4~5절). 느헤미야의 기도를 들으신 하나님께서는 문제를 해결하여 주셨습니다(15절). 하나님께서는 악한 자들의 꾀를 무너뜨리셨습니다. 성서한국의 비전을 품었다면 어떤 종류의 장벽도 돌파해야 합니다. 장벽돌파를 위해 먼저 하나님께 무릎을 꿇는 자들이 됩시다.

실제적인 대비책을 마련해야합니다.

느헤미야는 기도한 후에 가만히 앉아서 일이 잘 되기만을 기다리지 않았습니다. 실제적인 대비책을 마련하였습니다. 첫째, 백성들의 마음을 굳건하게 하였습니다(6절). 대적들을 두려워하지 말고 크고 두려우신 하나님을 기억하라고 가르치며 성벽중건역사를 감당하게 하였습니다. 둘째, 파수꾼을 두어 주야로 방비하면서 성벽 중건역사를 감당하게 하였습니다(9절). 셋째, 무장을 한 채 성벽중건역사를 감당하게 하였습니다(16~23절). 한 손으로 일을 하고 한 손으로 병기를 잡았습니다. 장벽을 돌파하기 위해서는 기도하는 것과 실제적으로 손발을 움직여 역사 하는 것을 분리하지 않아야 합니다. 기도와 함께 피와 땀을 흘리며 생명을 바치는 수고가 있어야 합니다. 실제적인 대비책을 마련하고 헌신적으로 대비해야 하는 것입니다. 어느 날 화재의 현장에 있었던 무디는 화재를 인하여 당황해 하는 사람들이 기도해 달라고 했을 때에 "물을 부어 불을 끄면서 기도합시다."라고 하였습니다. 장벽돌파를 위한 실제적인 대비책을 가지고 성서한국운동에 헌신하는 자 되십시오.

나누어볼까요?

성서한국의 장벽을 어떻게 돌파해야 할 것인지 말해봅시다.

합심기도합시다

1. 성서한국의 장벽을 돌파하는 자 되도록
2. 함께 모인 성도와 지체들의 한 주간의 기도제목을 나누고 기도

제 3 0 과 성서한국을 이루자

본문 / 느헤미야 6:15~7:7 찬송 / 28장, 431장

느헤미야가 52일 만에 성벽중건역사를 이룬 것처럼 성서한국도 이루어야 합니다. 성서한국이 하루아침에 이루질 것은 아니지만 오늘은 성벽중건역사를 완공한 느헤미야를 통해서 성서한국을 이루는 꿈을 꾸어봅시다.

같이 풀어봅시다

하나님의 주권을 인정하라

1 52일 만에 성벽중건역사를 마친 느헤미야의 고백은 무엇입니까(6:16)?

2 느헤미야의 고백에 나타난 하나님은 어떤 분이십니까?

끝까지 자신의 사명을 다하라

3 성벽중건역사를 마치고 느헤미야가 한 일은 무엇입니까(7:1~3, 4~7)?

4 이주한 자들의 명단을 읽어볼 때 느낀 점이 있다면 말해보십시오(7:5~7).

5 성벽중건역사를 이룬 느헤미야에게서 배울 수 있는 것은 무엇입니까?

메시지

성서한국은 꿈꾸는 것만으로 이루어지지 않습니다. 성서한국을 꿈꾸었다면 기필코 이루어야합니다. 하나님이 이루실 성서한국이 이루어지는 그날에 우리가 해야 할 일은 무엇이 있겠습니까?

하나님께 영광을 돌려야합니다.

느헤미야는 성벽중건역사를 마친 후에 고백하길 "이는 우리 하나님이 이루신 것이다." (6:16)라고 하였습니다. 아닥사스다 왕의 지원, 백성들의 동참, 대적들을 물리친 것 등 성벽중건역사의 모든 일들이 하나님의 주권적인 섭리가운데 일어났다고 고백하며 모든 영광을 하나님께 돌린 것입니다. 느헤미야가 그동안 참으로 많은 수고를 하였지만 그는 모든 것이 하나님의 역사라고 인정하였습니다. 성서한국은 피와 땀을 흘리는 것을 넘어 목숨까지도 내어놓은 수고와 헌신을 하는 이들이 있을 때에 가능합니다. 그렇지만 하나님이 함께 하시지 않는다면 진정한 성서한국은 이루어지지 않습니다. 성서한국운동에 참여하는 모든 이들은 하나님의 주권적인 섭리를 인정하고 하나님이 주도적으로 이 거룩한 대업을 이루신다는 확신과 믿음을 가지고 행해야 합니다. "사람이 마음으로 자기의 길을 계획할지라도 그 걸음을 인도하시는 자는 여호와시니라"(잠 16:9)라는 신앙고백이 있어야 합니다. 하나님께 모든 영광을 돌릴 성서한국의 그날이 속히 오길 간절히 바랍시다.

끝까지 감당해야 할 것은 감당해야합니다.

느헤미야는 성벽의 완공이라는 기쁨에 취해 마냥 기뻐하지만은 않았습니다. 하나님의 주권적인 섭리를 인정하면서도 자신이 감당해야 할 것은 성실히 감당하였습니다. 그는 먼저 예루살렘에 지도자들을 세워 다스리게 하였습니다(7:1~3). 또한 먼저 귀환한 백성들을 예루살렘에 이주시켰습니다(7:4~7). 느헤미야는 하나님 앞에서 분명한 신앙과 자신이 감당해야 할 것들은 끝까지 감당하는 사명감이 투철하였습니다. 성서한국을 이루고자 하는 이들에게는 이러한 균형이 있어야 합니다. 하나님의 역사를 감당한다고 하면서 하나님의 주권은 인정하는 것 같지만 자신이 마땅히 감당해야 할 것은 감당하지 않는 무책임한 자들도 종종 있고, 자신의 책임은 잘 감당하는 것 같지만 하나님의 주권은 제대로 인정치 않고 자기의 영광을 드러내고자 하는 불신앙에 가까운 자기중심적인 이들도 있습니다. 성서한국을 소망하는 이들은 모든 일의 성취는 하나님께 있다는 것을 인정하면서도 하나님께서 자신에게 맡겨주신 사명은 성실히 감당하는 자세를 가져야 합니다.

나누어볼까요?

성서한국이 이루어진 그날에 해야 할 일은 무엇인지 말해봅시다.

합심기도합시다

1. 새 조국 건설의 비전, 성서한국이 이루어지도록
2. 함께 모인 성도와 지체들의 한 주간의 기도제목을 나누고 기도

제 31 과

성서한국과 말씀운동

본문 / 느헤미야 8:1~18 찬송 / 96장, 379장

성서한국을 이루려면 조국에 영적인 각성과 부흥이 일어나야 합니다. 영적인 각성과 부흥은 하나님의 말씀운동으로 가능합니다. 오늘은 성서한국과 말씀운동에 대하여 살펴봅시다.

같이 풀어봅시다

성경학교를 통한 말씀운동

1 이스라엘 자손들이 성벽중건을 마치고 언제 어디에서 무엇을 하였습니까(1절)?

2 성경학교는 어떻게 이루어졌습니까(2~8절)?

모든 이들이 참여한 말씀운동

3 성경학교에 참여한 사람들의 특징은 무엇입니까(1, 5~6절)?

4 성경학교를 통하여 어떠한 결과들이 나타났습니까(9~12, 13~18절)?

5 성서한국과 말씀운동은 어떤 관계입니까?

메시지

성서한국은 영적인 각성과 부흥이 있어야 가능합니다. 영적인 각성과 부흥은 하나님의 말씀운동으로 일어납니다. 그러므로 성서한국은 말씀운동을 통하여 이루어지는 것입니다. 말씀운동을 하려면 어떻게 해야 하겠습니까?

준비된 성경선생들을 세워야합니다.

조국 이스라엘을 새롭게 하고자 했던 총독 느헤미야는 예루살렘 성벽중건역사를 마치고 준비된 성경 선생이었던 학사 에스라를 세워 수문 앞 광장에서 성경학교를 열었습니다. 백성들은 에스라를 초청하여 하나님의 말씀을 듣고자 했습니다. 에스라를 통한 하나님의 말씀의 증거는 놀라운 결과들을 낳아 이스라엘에 영적인 각성과 부흥이 일어났습니다. 성서한국을 소망하며 말씀운동을 하려면 준비된 성경선생들이 필요합니다. 백성들에게 성경을 가르칠 수 있는 준비된 성경선생의 양성이야말로 말씀운동의 알파와 오메가요, 성서한국의 지름길입니다. 준비된 성경선생을 세우려면 먼저 자신이 준비된 성경선생이 되어야 합니다. 교회나 선교단체의 제자훈련에 참여하여 성경을 잘 배울 수 있는 목자를 만나 성경을 배우고 준비해야합니다. 그리고 자신이 준비되었다면 동역 자들과 함께 성경선생양성에 힘써야 합니다. 한국의 교회와 선교단체가 준비된 성경선생을 세우는 일에 힘쓰도록 기도합시다.

모든 이들에게 성경을 가르쳐야합니다.

총독 느헤미야가 주도한 성경학교에는 모든 백성들이 참여하였기에 그 결과가 놀라웠습니다. 당시 백성들은 하나님의 말씀에 대한 좋은 자세를 가지고 있었습니다. 말씀을 듣고자 열망했고 말씀에 대한 경외심이 있었으며, 말씀을 듣고서 깨닫고 감격하였습니다. 잊었던 하나님의 계명들을 기억하고 순종하는 영적인 각성과 부흥이 일어났습니다. 성서한국을 소망한다면, 조국의 모든 이들에게 성경을 가르치는 말씀운동을 해야 합니다. 모든 이들에게 성경을 가르치려면 영향력 있는 집단이나 계층에 접근하여 성경을 가르치고 성경선생으로 세워, 그들을 통해 모든 이들에게 성경을 가르치고자 하는 전략적인 접근이 필요합니다. 그 영향력 있는 집단이나 계층은 캠퍼스에 있는 청년대학생들입니다. 다음 세대의 지도자가 될 이들에게 성경을 가르치고, 이들을 성경선생으로 세우는 것이야말로 모든 이들에게 성경을 가르칠 수 있는 말씀운동의 핵심사역이요, 성서한국의 지름길입니다.

나누어볼까요?

성서한국을 소망하며 말씀운동을 하려면 어떻게 해야 하는지 말해봅시다.

합심기도합시다

1. 말씀운동이 교회를 통해 폭발적으로 일어날 수 있도록
2. 함께 모인 성도와 지체들의 한 주간의 기도제목을 나누고 기도

제32과

성서한국과 회개운동

본문 / 느헤미야 9:1~21　　　　찬송 / 86장, 332장

성서한국을 위한 말씀운동은 하나님의 말씀을 듣는 자들로 하여금 회개를 불러일으킵니다. 그러므로 성서한국은 진정한 회개운동입니다. 오늘은 성서한국과 회개운동에 대하여 살펴봅시다.

같이 풀어봅시다

죄를 깨닫고 애통하는 것

1 성경학교를 통해 말씀을 들은 이스라엘 자손은 무엇을 했습니까(1~4절)?

2 죄를 깨닫고 애통한 이들이 송축한 하나님은 어떤 분이십니까(5~6절)?

실제적으로 변화된 삶을 사는 것

3 회개하는 이스라엘 자손의 삶에서 어떤 변화가 일어났습니까(2~3절)?

4 회개하는 이스라엘 자손은 지난 역사를 돌아보며 무엇을 배웠습니까(7~21절)?

5 성서한국과 회개운동은 어떤 관계입니까?

메시지

성서한국은 조국의 백성들이 영적으로 새로워짐으로 가능합니다. 영적으로 새로워지려면 하나님의 말씀을 듣고 진정으로 회개해야 합니다. 말씀운동을 통해 이루고자 하는 회개운동이란 무엇입니까?

죄를 깨닫게 하는 것입니다.

사람들이 죄를 깨닫게 되는 것은 성령의 역사로 가능합니다. 성령께서는 하나님의 말씀을 통해 사람들의 죄를 깨닫게 하십니다(요 16:7~8; 엡 6:17; 히 4:12). 수문 앞 광장에 모여 하나님의 말씀을 들었던 이스라엘 백성들은 하나님을 버리고 우상을 숭배하며 살았던 죄를 깨닫고, 금식하며 굵은 베를 입고 티끌을 무릅쓰며 자신들과 열조의 죄를 자복하고 애통하였습니다. 이러한 회개는 이스라엘을 새롭게 하였습니다. 조국의 백성들이 새롭게 되어야 성서한국은 가능함으로, 성서한국을 소망한다면 백성들로 하여금 죄를 깨닫게 하는 회개운동을 해야 합니다. 살인과 간음죄를 숨기고 살았던 다윗이 회개할 수 있었던 것은 나단 선지자로부터 하나님의 말씀을 들었기 때문이며, 베드로도 예수께서 하신 말씀을 통해 자신의 죄를 발견하고 회개할 수 있었고, 1907년 평양대부흥도 말씀을 통한 지도자들의 회개로부터 시작되었습니다. 이처럼 죄를 깨닫게 하는 회개운동은 하나님의 말씀을 강력하게 선포하는 것입니다.

실제적으로 변화된 삶을 살게 하는 것입니다.

회개란 죄를 깨닫고 애통해하는 것이 다가 아닙니다. 실제적인 삶에서의 변화가 있어야 합니다. 이스라엘 백성들은 실제적인 삶에서 변화를 추구했습니다. 이들은 이방인들과 절교했습니다. 하나님의 백성으로서 이방문화에 젖어 살던 삶을 청산한 것입니다. 그리고 과거 역사로부터 영적인 교훈을 찾았습니다. 자신들의 역사와 함께 하신 신실하신 하나님을 만나게 된 것입니다. 진정한 회개의 증거는 변화된 삶을 통해 나타납니다. 이렇게 변화된 삶을 살려면 과거의 죄에 대한 단호한 자세(마 5:29~30)와 변화된 삶을 살도록 영적인 힘을 공급하시는 신실하신 하나님을 만나야 합니다(롬 12:2). 죄에 대한 연결고리를 과감히 끊고 이 세대를 본받지 아니하는 거룩한 영적인 삶을 추구하며 살아계신 하나님과 동행하는 삶을 살아야 한다는 것 입니다. 변화된 삶을 살고 다른 이들도 변화된 삶을 살게 하는 자가 되길 축복합니다.

나누어볼까요?

성서한국을 소망하며 회개운동을 하려면 어떻게 해야 하는지 말해봅시다.

합심기도합시다

1. 말씀운동을 통한 회개운동이 폭발적으로 일어날 수 있도록
2. 함께 모인 성도와 지체들의 한 주간의 기도제목을 나누고 기도

제 3 3 과

성서한국과 새로운 생활운동

본문 / 느헤미야 10:28~39　　　　　찬송 / 33장, 210장

성서한국은 새로운 생활운동이라 할 수 있습니다. 조국에 하나님의 말씀을 통한 새로운 생활운동이 일어나야 성서한국은 가능합니다. 오늘은 성서한국과 새로운 생활운동에 대하여 살펴봅시다.

같이 풀어봅시다

하나님의 말씀의 회복

1 새로운 생활을 하고자 결단하는 사람들은 누구입니까(28절)?

2 새로운 생활을 하기 위해 그들이 붙잡은 하나님은 어떤 분이십니까(29절)?

구체적인 삶의 변화

3 새로운 생활을 하기 위한 이스라엘 백성들의 구체적인 결단은 무엇입니까(30~39절)

4 성서한국과 새로운 생활운동은 어떤 관계입니까?

메시지

성서한국은 새로운 생활운동으로 나타나야 합니다. 조국의 백성들이 하나님의 말씀을 통하여 새로운 생활을 하는 것이 성서한국입니다. 성서한국을 소망하는 우리가 꿈꾸는 새로운 생활이란 무엇입니까?

하나님의 말씀을 회복하는 것입니다.

느헤미야 시대에 이스라엘 백성들은 말씀운동을 통해 하나님께서 기뻐하시는 새로운 생활을 추구했습니다. 이들의 새로운 생활은 곧 하나님의 말씀을 회복하는 것이었습니다(29절). 하나님께서 모세를 통해 주신 율법의 회복이 이들의 새로운 생활의 맹세였습니다. 하나님의 말씀을 회복하고자 하는 것은 기독교역사의 특징이었습니다. 새로운 기독교역사를 열었던 종교개혁도 그 핵심은 하나님의 말씀을 회복하는 것이었습니다. 하나님의 말씀의 회복은 곧 복음의 회복이며, 복음은 그것을 듣는 자들로 하여금 새로운 생활을 할 수 있도록 은혜와 능력을 줍니다. 나와 조국이 새로운 생활을 하려면 하나님의 말씀을 회복해야 합니다. 하나님의 말씀의 회복이 없이는 결코 새로운 생활을 할 수 없습니다. 성경으로 돌아가자고 외쳤던 중세 종교개혁자들의 외침과 운동은 오늘 성서한국을 소망하는 우리 모두의 외침과 운동이 되어야 합니다. 하나님의 말씀을 회복하기 위한 결단과 헌신이 있길 바랍니다.

구체적으로 변화된 삶을 사는 것입니다.

느헤미야 시대에 이스라엘 백성들은 말씀운동을 통해 구체적으로 변화된 삶을 추구했습니다. 이들은 이방인과 잡혼을 중지함으로 하나님 백성으로서의 순수성을 지키고자 했고, 안식일과 안식년을 지킴으로 온전한 예배자의 삶을 살고자 했으며, 성전세와 성물, 번제에 쓸 나무를 바침으로 하나님의 성전이 제 기능을 발휘하도록 했고, 모든 소산의 처음 것과 십일조를 드림으로 하나님의 일에 헌신한 레위 인들을 섬겼습니다. 새로운 생활은 구체적이어야 합니다. 삶의 모든 영역에서 하나님의 말씀이 회복되고 그 말씀에 근거하여 각 영역의 세계관과 사람들의 가치관이 변화되어 구체적으로 변화된 삶을 산다면 성서한국은 이루어집니다. 그러므로 성서한국을 소망하는 우리는 하나님의 말씀을 통한 새로운 생활을 추구하고, 새로운 생활을 하며, 새로운 생활운동을 해야 합니다. 새로운 생활운동을 위해서 하나님이 주시는 은혜와 능력을 받아 우리의 열정을 쏟는다면 성서한국의 꿈은 이루어질 것 입니다.

나누어볼까요?

성서한국을 소망하며 새로운 생활운동을 어떻게 해야 하는지 말해봅시다.

합심기도합시다

1. 새로운 생활운동이 하나님의 은혜와 능력을 좇아 일어나도록
2. 함께 모인 성도와 지체들의 한 주간의 기도제목을 나누고 기도

제34과

성서한국의 선포

본문 / 느헤미야 12:27~47 찬송 / 50장, 248장

성서한국은 하나님이 주신 비전이기에 때가 되면 성취될 것입니다. 성서한국이 이루어지는 그날에 우리는 장엄하게 성서한국을 선포하고 하나님께 영광을 돌려야 합니다. 성서한국이 성취될 그날을 소망하며 그날에 무엇을 어떻게 해야 할 것인지 살펴봅시다.

같이 풀어봅시다

하나님께 모든 영광을

1 예루살렘 성이 완성되자 느헤미야는 무엇을 준비하였으며 사람들의 자세는 어떠했습니까(27~30절)?

2 예루살렘 성 봉헌식은 어떻게 진행되었으며 그 결과는 어떠했습니까(31~43절)?

백성들과 모든 기쁨을

3 예루살렘 성 봉헌식을 통해 백성들은 무엇을 누렸습니까(43절)?

4 즐겁고 기쁜 날에 느헤미야는 백성들에게 무엇을 가르쳤습니까(44~47절)?

5 성서한국의 비전이 성취되는 그날에는 무엇을 해야 하겠습니까?

메시지

예루살렘 성의 중건 역사가 52일 만에 완공되자 느헤미야는 놀라우신 하나님을 기념하고자 예루살렘 성 봉헌식을 거행하였습니다. 성서한국의 비전이 성취된다면 우리는 성서한국을 장엄하게 선포해야 합니다. 성서한국을 선포하는 의미는 무엇입니까?

하나님께 모든 영광을 돌리는 것입니다.

느헤미야는 훼파된 예루살렘 성을 중건하고 봉헌식을 장엄하게 거행함으로서 새 조국건설의 비전을 성취한 모든 영광을 하나님께 돌렸습니다. 각 처에 흩어졌던 백성들은 예루살렘으로 모여 들었고 하나님께 영광과 찬송을 올리며 기뻐하며 즐거워하였습니다. 예루살렘 성 봉헌식의 의미는 하나님께서 그동안의 모든 일들을 이루셨으며 자신들은 단지 순종하였을 뿐이라는 신앙고백입니다. 성서한국은 성서위에 한국을 세우는 것으로 성경적 가치관과 원리가 한국사회의 각 영역에 구현되는 새로운 대한민국을 세우고자 하는 새 조국건설의 비전입니다. 이 놀라운 비전은 하나님께서 이 비전을 좇아 순종하는 자들을 통해 꼭 이루실 것입니다. 그러므로 우리는 믿음으로 성서한국의 비전을 품고 성서한국운동에 참여해야 합니다. 또한 성서한국의 비전이 성취되는 그날에 우리는 성서한국을 만방에 선포하며 하나님께 영광을 돌려야 할 것입니다(창 1:31; 사 42:8; 롬 1:21; 살전 5:18).

모든 기쁨을 백성들과 나누는 것입니다.

느헤미야는 예루살렘 성 중건의 모든 영광을 하나님께 돌릴 뿐만 아니라 이로 인한 모든 기쁨을 백성들과 함께 나누었습니다. 이들의 기쁨의 원인은 하나님이셨습니다. 하나님께서 크게 즐거워하게 하셨습니다(43절). 하나님 중심으로 살지 않고 자기 영광만을 구하는 자기중심의 사람들에게는 진정한 기쁨이 없으며 오직 순간의 쾌락만이 있을 뿐입니다. 그러므로 우리는 하나님께 영광 돌리는 하나님 중심의 신앙과 삶을 살아야 합니다. 하나님께서 기뻐하시는 이러한 삶은 하나님이 주신 비전에 믿음으로 참여하는 것이며 궁극적으로 하나님의 비전을 성취하는 것입니다. 성서한국의 비전이 성취되는 그날, 우리는 하나님의 기쁨으로 충만할 것입니다. 성경이 모든 백성들에게 가르쳐지고 성경적 원리와 가치관이 한국사회의 각 영역에 구현되는 그날에 하나님의 영광은 온 땅에 드러날 것입니다(사 11:9; 합 2:14). 그날에 우리는 하나님의 영광을 보며 모든 기쁨을 백성들과 함께 나누어야 할 것입니다.

나누어볼까요?

한국교회가 성서한국을 선포하려면 어떻게 해야 하는지 말해봅시다.

합심기도합시다

1. 한국교회가 성서한국을 선포하는 그날이 빨리 오도록
2. 함께 모인 성도와 지체들의 한 주간의 기도제목을 나누고 기도

제 3 5 과

성서한국과 개혁

본문 / 느헤미야 13:4~14　　　　찬송 / 195장, 400장

성서한국은 성경을 각 사람들에게 가르쳐서 성경적 가치관과 원리를 한국사회의 각 영역에 구현하는 것으로서 성서한국운동은 필연적으로 개인과 사회의 개혁을 불러일으킵니다. 오늘은 성서한국과 개혁에 대하여 살펴봅시다.

같이 풀어봅시다

깨어있지 않고 안일한 지도자들

1 하나님의 전의 큰 방을 도비야가 왜 차지하고 있었습니까(4~7절)?

2 이러한 악한 일을 알게 된 느헤미야는 어떻게 처리하였습니까(8~9절)?

마땅한 의무를 다하지 않은 백성들

3 하나님의 전을 섬기던 레위 사람들에게 무슨 문제가 발생하였습니까(10절)?

4 느헤미야는 이러한 문제를 어떻게 처리하였습니까(11~14절)?

5 개인이나 공동체가 부패하는 이유가 무엇이라고 생각합니까?

메시지

성서한국은 개혁운동입니다. 하나님의 말씀은 살았고 운동력이 있기에 부패한 인생들과 사회를 개혁합니다. 또한 진정한 개혁이 있어야 성서한국이 이루어집니다. 성서한국이 계속되어지도록 하기 위해서는 어떻게 해야 하겠습니까?

지도자들이 깨어 있어야합니다.

느헤미야 때에 하나님의 전이 부패하게 된 것은 성전의 골방을 관리하던 제사장 엘리아십이 깨어있지 못했기 때문입니다. 그는 하나님의 말씀대로 성전을 관리하기 보다는 인간적인 생각으로 행했습니다. 성전 안의 거룩하고 중요한 방 하나를 하나님의 역사를 방해하고 느헤미야를 대적했던 도비야가 개인적인 용도로 사용하도록 하였습니다. 깨어있지 못했던 성직자 한 사람의 안일한 자세가 성전의 부패를 가져왔습니다. 이스라엘에 있어서 성전의 부패는 국가공동체 전체의 부패를 가져오게 하는 중대한 문제였습니다. 이러한 사실을 알게 된 느헤미야는 당장에 도비야를 축출하고 성전을 깨끗케 하는 개혁을 단행했습니다. 성서한국은 지도자들이 깨어있어야 계속되어질 것입니다. 만약 지도자들이 깨어있지 못해 하나님의 말씀대로 사는 것이 무엇인지를 제대로 알지 못하고 가르치지 못한다면 사람들은 타락하고 공동체는 부패하게 될 것입니다. 그러므로 지도자들은 소명감으로 깨어있어야 합니다.

백성들이 마땅한 의무를 다해야합니다.

느헤미야 때에 하나님의 전이 부패하게 또 다른 이유는 성전에서 봉사해야 할 레위 인들이 마땅히 받을 것들을 받지 못해 각자 살길을 찾아 성전을 떠나버린 것입니다. 성전에서 충성되게 직무를 감당해야 할 레위 인들이 성전을 떠난 것은 백성들이 마땅히 감당해야 할 십일조의 의무를 다하지 않았기 때문입니다. 이러한 사실을 알게 된 느헤미야는 곧바로 백성들이 마땅한 의무를 다하도록 개혁하였습니다. 하나님께서 십일조의 규례를 정하신 것은 다른 수입이 없는 하나님의 종들의 생활비와 가난한 자들의 구제비로 사용하도록 함이었습니다(민 18:21; 신 14:28~29). 그래서 십일조를 하지 않는 것에 대하여 도적질이라고 책망하셨고 십일조를 잘 감당할 때에는 넘치는 복이 있다고 말씀하셨습니다(말 3:8,10). 성서한국은 하나님의 자녀들이 하나님의 말씀을 좇아 마땅히 감당해야 할 의무들을 감당할 때 계속되어질 것입니다. 그러므로 우리는 하나님 앞에서 마땅한 의무들을 잘 감당해야 합니다.

나누어볼까요?

우리가 마땅히 개혁해야 할 것이 있다면 무엇이 있는지 말해봅시다.

합심기도합시다

1. 하나님의 말씀을 좇아 깨어있는 삶을 살도록
2. 함께 모인 성도와 지체들의 한 주간의 기도제목을 나누고 기도

제 36 과

계속되어야 할 개혁

본문 / 느헤미야 13:15~31　　　　찬송 / 36장, 376장

그동안 느헤미야서를 중심으로 성서한국의 성경적 원리를 살펴보았습니다. 성서한국은 새로운 중건역사이며 영적인 각성과 부흥으로 가능하고 중단 없는 개혁으로 유지되고 발전됨을 나누었습니다. 오늘은 마지막으로 계속되어야 할 개혁의 과제에 대하여 살펴봅시다.

같이 풀어봅시다

안식일을 거룩히 지키게 함

1 사람들은 안식일에 무엇을 하였습니까(15~16절)?

2 이러한 사실을 안 느헤미야는 어떻게 처리하였습니까(17~22절)?

바른 결혼을 하도록 함

3 유다의 사람들과 종교지도자들의 결혼관이 어떠했습니까(23~24, 28절)?

4 이러한 행위를 느헤미야는 어떻게 처리하였습니까(25, 28하~31절)?

5 주일성수와 결혼에 대한 나의 생각은 어떠합니까?

메시지

성서한국은 하나님의 말씀을 좇아 개혁이 계속될 때 유지되고 발전됩니다. 특별히 세상과 타협하기 쉬운 문제일수록 더욱 조심해야 합니다. 그것은 대표적으로 주일성수와 결혼의 문제입니다. 하나님께서 기뻐하시는 주일성수와 결혼의 모습은 무엇입니까?

주일을 거룩하게 지키는 것입니다.

하나님께서 기뻐하시는 주일성수라는 것은 주일의 진정한 의미를 알고 지키는 것입니다. 첫째, 주일은 주님이 죽으시고 부활하신 날을 기념한 것입니다. 안식일이 처음 창조를 기념한 것이라면 주일은 재창조의 날, 타락한 세상을 다시 새롭게 하신 날을 기념하여 안식하는 것입니다. 둘째, 주일은 한 주간을 시작하는 첫 날에 하나님의 은혜를 받고 받은 바 은혜가운데서 한 주간을 힘차게 살고자 하는 것입니다. 열심히 일하고 하루를 쉰다는 개념보다는 하나님을 예배함으로 은혜를 받고 그 은혜로 한 주간을 산다는 개념입니다. 셋째, 나는 세상에서 구별된 존재라는 것을 알리는 것입니다. 대부분의 사람들이 이 날에 육신적인 쉼을 추구하지만 이 날에 나는 하나님을 예배함으로 하나님의 자녀인 것을 세상에 선포하는 것입니다. 그러므로 우리는 이 날에 하나님을 예배함으로 주님의 구속의 은혜를 찬양하고, 한 주간을 살아갈 영적인 힘을 공급받으며, 세상과는 구별된 존재라는 것을 드러내는 것입니다.

믿음의 결혼을 하는 것입니다.

하나님께서 기뻐하시는 믿음의 결혼이라는 것은 첫째, 동질성의 원리에 따르는 것입니다. 사람은 사람과 결혼해야지 동물과 결혼할 수 없습니다. 하나님의 자녀는 이방인과 결혼해서는 안 됩니다(고후 6:14). 왜냐하면 동질성이 훼손되기 때문입니다. 동질성이 훼손되면 죄를 짓게 되고 타락하게 됩니다. 그러기에 신앙이 같은 이성과 결혼해야 합니다. 둘째, 사명의 원리에 따르는 것입니다. 하나님께서는 결혼의 제도를 만드시면서 결혼을 통하여 이루어지는 가정에 사명을 주셨습니다(창 1:26~28). 하나님을 온전히 섬기고 하나님의 뜻을 받들어 하나님 나라의 확장을 이루는 것에 헌신하도록 하신 것입니다. 그러기에 신앙이 다르고 생각이 다른 이성과 결혼할 수 없는 것입니다. 이방인과 결혼하게 되면 하나님 주신 사명을 잃게 되고 하나님의 뜻을 역행하게 되는 불행한 결과를 낳게 됩니다(26~27절;신 7:3~4). 믿음의 결혼이 전제되지 않는 가정은 불행이라는 핵폭탄을 품고 사는 것과 같습니다.

나누어볼까요?

성서한국에 대한 소망이 어떠한지 말해봅시다.

합심기도합시다

1. 성서한국이 이 땅에 속히 이루어지도록
2. 함께 모인 성도와 지체들의 한 주간의 기도제목을 나누고 기도

제 37 과

선교의 하나님

본문 / 창세기 1:1;3:15;12:1~4 찬송 / 40장, 273장

지금까지 전도와 제자양육, 성서한국에 대한 주제를 살펴보았습니다. 이제 마지막 세 번째 주제로 선교에 관하여 나누고자 합니다. 오늘은 선교에 있어서 가장 기본적인 이해라 할 수 있는 선교와 하나님과는 무슨 관계가 있는지 살펴봅시다.

같이 풀어봅시다

온 우주만물을 창조하신 하나님

1 언제, 누가, 무엇을 창조하였습니까(창 1:1)?

2 하나님은 죄에 대하여 심판하시면서 어떤 구원의 소망을 주셨습니까(창 3:15)?

모든 족속이 복을 받을 것이라 약속하신 하나님

3 하나님은 아브람에게 어떤 명령을 하셨습니까(창 12:1)?

4 하나님께서 아브라함에게 약속하신 것은 무엇입니까(창 12:1하~3절)?

5 모든 족속이 너를 인하여 복을 받을 것이라는 말씀의 의미는 무엇이라고 생각합니까?

메시지

선교는 하나님이 창조하신 모든 족속에게 나아가 복음을 전하고 그들이 주의 복음에 믿음으로 반응하도록 섬겨서 하나님의 복을 받게 하는 것입니다. 이러한 선교의 목적은 하나님이 선교의 하나님이시라는 증거입니다. 이러한 증거가 성경에 어떻게 나타납니까?

심판가운데 주신 소망의 말씀에 나타납니다.

하나님께서는 온 우주만물을 창조하시고 매우 기뻐하셨습니다(창 1:31). 그렇지만 아담의 범죄로 인해 세상은 하나님의 기쁨이 되지 못했습니다. 하나님께서는 죄가 세상에 들어오도록 한 뱀, 그리고 여자와 아담을 심판하셨습니다. 그런데 심판가운데 주신 소망의 말씀이 있었습니다. 여자의 후손을 통한 구원의 약속으로 언젠가는 여자의 후손이 사단의 세력을 짓밟아 버린다는 복음에 대한 최초의 약속입니다(창 3:15). 여자의 후손은 메시아이신 예수 그리스도를 말합니다(갈 4:4; 히 2:14; 계 12:5). 예수께서 육신의 어머니를 부르실 때 "여자여"라고 하신 것에서도 알 수 있습니다(요 2:4; 19:26). 모든 족속을 구원하시고자 하시는 하나님의 열심 즉 선교의 목적이 심판가운데 주신 소망의 말씀에 분명히 나타나 있음을 알 수 있습니다. 우리가 믿는 하나님은 선교의 하나님이십니다. 그러므로 선교의 하나님을 믿는 우리는 선교의 삶을 살아야 합니다. 세계를 품은 그리스도인으로 사는 것은 당연한 것입니다.

아브람에게 주신 약속의 말씀에 나타납니다.

하나님께서는 죄가 세상에 들어와 관영함을 보시고 홍수로 세상을 심판하셨습니다. 그렇지만 죄의 문제가 완전히 해결되지는 않았습니다. 하나님께서는 죄의 문제를 완전하게 해결하시고 온 인류를 구원하시기 위하여 아브람을 선택하시고 부르셨습니다. 그에게 자식을 주시고 삶의 터전인 땅을 주시며 복을 주시어 그의 이름을 창대케 하사 복의 근원으로 삼으시겠다고 약속하셨습니다. 그를 축복하는 자에게는 복을 내리시고 그를 저주하는 자에게는 저주하시겠다고 하시며 땅의 모든 족속이 아브라함을 인하여 복을 얻을 것이라 하셨습니다. 이 약속의 말씀은 장차 아브라함의 후손을 통하여 오실 메시아를 믿는 모든 이들에게 해당되는 구원의 약속입니다(갈 3:8). 아브라함의 후손으로 오신 메시아는 예수 그리스도이십니다(창 22:18; 갈 3:16). 하나님은 선교의 하나님이십니다. 그러므로 우리는 모든 족속을 품고 살아야 합니다. 나와 다른 사람들에 대한 적대적인 마음과 태도, 무관심을 버려야 합니다.

나누어볼까요?

선교의 하나님을 마음 중심에 모시어 드리는 데 어려움이 있다면 말해봅시다.

합심기도합시다

1. 모든 족속이 하나님의 복을 받도록
2. 함께 모인 성도와 지체들의 한 주간의 기도제목을 나누고 기도

제38과

선교명령을 주신 예수님

본문 / 사도행전 1:1~11　　찬송 / 268장, 270장

선교는 예수님의 명령입니다. 부활하신 예수께서는 승천하시기 전에 사랑하는 제자들에게 선교명령을 주셨습니다. 이 명령은 오늘 우리들에게도 해당됩니다. 오늘은 선교를 명령하신 예수님에 대하여 살펴봅시다.

같이 풀어봅시다

아버지의 약속하신 것을 기다리라 하신 예수님

1 부활하신 예수께서는 얼마동안 보이셨으며 무엇을 하셨습니까(3절)?

2 예수께서는 제자들에게 무슨 약속을 하셨습니까(4~5절)?

땅 끝까지 이르러 내 증인이 되라 하신 예수님

3 제자들의 주 관심사는 무엇이었습니까(6절)?

4 예수께서는 제자들에게 무슨 권면과 명령을 하셨습니까(7~11절)?

5 예수께서 주신 선교명령에 어떻게 순종하고 있습니까?

메시지

예수께서는 십자가에서 죽으시고 무덤에 묻히셨지만 삼일 만에 부활하셨습니다. 죽으심으로 죄를 처치하시고 부활하심으로 사망권세를 이기신 주님은 "땅 끝까지 이르러 내 증인이 되리라"고 하셨습니다. 예수께서 주신 선교명령의 특징은 무엇입니까?

지상명령(至上命令)입니다.

제자들은 부활하신 예수님으로 인해 조국 이스라엘의 정치적 해방을 기대하였습니다. 식민지 백성으로서 당연히 가질 수 있는 기대였을 것입니다. 그러나 예수께서는 단호하셨습니다. 비록 제자들을 책망하지는 않으셨지만 너희의 관심사는 하나님의 주권에 맡기고 오직 성령이 너희에게 임하시면 너희가 권능을 받고 예루살렘과 온 유대와 사마리아와 땅 끝까지 이르러 내 증인이 되리라고 하셨습니다. 예수님의 이 선교명령은 지상명령(The Great Commission)입니다. 지상명령이란 절대적으로 복종해야 할 명령이라는 뜻입니다. 명령은 명령을 받은 자가 수행해야만 결과가 나타납니다. 명령을 받은 자가 명령을 감당하지 않을 때는 명령권자로부터 책망과 처벌을 받게 되고 명령을 잘 감당하였을 때는 칭찬과 상급을 받게 됩니다(고전9:16). 예수님을 믿고 따르는 모든 그리스도인들은 이 명령을 주님으로부터 받았습니다. 그러므로 이 선교명령에 순종하는 삶을 살아야 합니다.

유언적명령(遺言的命令)입니다.

사람은 죽음에 이를 때에 자신이 가장 중요하다고 생각한 일들을 하며 미쳐다하지 못한 일이나 중요한 사안에 대해서는 유언으로 남깁니다. 그러기에 유언은 그 유언을 받은 자들에게 막강한 영향력을 발휘합니다. 예수님도 이 땅을 떠나시기 직전 승천을 앞두시고 세상에 남아 있는 제자들에게 부활하신 모습을 보여 주시며 부활신앙을 심어주셨고 성령의 권능을 받아 땅 끝까지 이르러 주님의 증인이 되리라고 말씀하셨습니다. 이 땅에서의 최후의 말씀을 주신 것입니다. 그러기에 예수님이 주신 선교명령은 유언적명령입니다. 예수께서는 이 선교명령을 주시고 승천하셨습니다. 하늘로 올라가신 예수님은 다시 오셔서 우리의 삶을 결산하실 것입니다. 그러므로 예수님을 믿고 따르는 모든 그리스도인들은 주님이 오시는 그 날까지 주님이 주신 유언적명령을 소중하게 여기고 그 명령을 순종하며 주께 충성하며 살아야 합니다(마 24:29~51).

나누어볼까요?

예수님이 주신 선교명령이 왜 중요하다고 생각하는지 말해봅시다.

합심기도합시다

1. 주님이 주신 선교명령에 최선을 다해 순종할 수 있도록
2. 함께 모인 성도와 지체들의 한 주간의 기도제목을 나누고 기도

제39과 선교명령수행을 준비한 제자들

본문 / 사도행전 1:12~26 찬송/ 172장, 277장

선교는 선교명령을 받은 자들의 순종을 통해 이루어집니다. 선교명령을 받은 자들은 순종함으로 선교명령수행을 준비해야 합니다. 잘 준비할 때 놀라운 열매를 맺게 됩니다. 오늘은 선교명령수행을 준비한 제자들에 대하여 살펴봅시다.

같이 풀어봅시다

예루살렘으로 돌아온 제자들

1 선교명령을 받은 제자들은 어디에서 어디로 돌아왔습니까(12절)?

성령님을 기다린 제자들

2 예루살렘으로 돌아온 제자들은 즉시로 무엇을 하였습니까(13~14절)?

3 기도에 힘써도 성령님이 오시지 않은 이유는 무엇이었습니까(15~26절)?

4 제자들은 공동체의 문제를 어떻게 해결하였습니까(15~26절)?

5 선교명령을 수행하려면 어떻게 해야 하겠습니까?

메시지

명령은 수행되어져야 그 효력이 나타납니다. 선교명령은 주를 따르는 모든 사람들에 의해 수행되어져야할 귀중한 명령입니다. 그러기에 선교명령수행을 위해 준비해야 합니다. 제자들은 어떻게 선교명령수행을 준비하였습니까?

주님의 말씀에 순종하였습니다.

제자들은 예수께서 말씀하신대로(행 1:4) 예루살렘을 떠나지 않고 아버지의 약속하신 것을 기다리기 위해 숨어있던 감람원에서 예루살렘으로 돌아왔습니다. 감람원은 예루살렘에서 가까워 숨어 지내기에는 안성맞춤이었습니다. 주님이 십자가에서 죽으심으로 인해 닥쳐온 핍박을 피해 제자들은 예루살렘을 떠나 감람원에 숨어 지냈습니다. 그런데 예수께서 예루살렘을 떠나지 말라고 말씀하시자 이에 순종하여 예루살렘으로 돌아왔습니다. 주님을 따르던 제자들에게 예루살렘은 자기들의 인간적인 꿈이 산산이 부서져 버린 패배의 상징이었던 곳입니다. 주님이 이러한 예루살렘을 떠나지 말라고 한 것은 제자들이 가지고 있던 패배주의를 극복하라는 것입니다. 선교명령을 제대로 수행하기 위해서는 주님을 따르다가 당한 상처를 치유해야 합니다. 공동체 안에서 패배감을 극복하지 못하면 선교명령을 제대로 수행할 수 없습니다. 말씀에 순종할 때 패배감을 극복할 수 있습니다.

성령님을 간절히 기다렸습니다.

제자들은 예루살렘으로 돌아와 성령님을 간절히 기다렸습니다. 무작정 기다린 것이 아니라 성령님이 오시도록 간절히 기도하면서 실제적인 문제를 해결하였습니다. 제자들을 포함하여 120여명의 주를 따르는 이들이 마음을 같이하여 간절하고도 끈질기게 기도하였습니다. 이들의 기도는 10일 동안 계속되었습니다. 간절히 기도하였지만 성령님은 오시지 않았습니다. 성령강림 전에 해결되어야 할 문제가 있었기 때문입니다. 그것은 가룟 유다의 문제였습니다. 가룟 유다의 문제를 생각할 때 마다 이해되지 않았고 공동체에서 서로에게 원망과 불신의 문제 거리가 되었습니다. 결국 베드로가 리더십을 발휘하여 문제를 해결하였습니다. 선교명령을 제대로 수행하기 위해서는 성령의 권능을 받아야 합니다. 성령의 권능을 받기 위해서는 성령께 온전히 의지해야 합니다. 성령께서 내 안과 우리 안에서 주도적으로 활동하시도록 해야 합니다.

나누어볼까요?

성령의 권능을 받기 위해서 어떻게 하고 있는지 간단히 말해봅시다.

합심기도합시다

1. 성령의 권능을 받아 선교명령수행을 할 수 있도록
2. 함께 모인 성도와 지체들의 한 주간의 기도제목을 나누고 기도

제 40과

선교의 능력 성령님

본문 / 사도행전 2:1~13 찬송 / 177장, 173장

선교는 인간의 능력이나 돈으로 감당할 수 있는 것이 아닙니다. 우리가 선교명령을 수행하기 위해서는 능력이 있어야 합니다. 그 능력의 원천은 성령님입니다. 오늘은 선교의 능력이신 성령님에 대하여 살펴봅시다.

같이 풀어봅시다

성령님의 강림

1 성령께서 언제, 어떻게 임하셨습니까(1~3절)?

2 성령께서 임하시자 사람들은 어떻게 되었습니까(4절)?

권능을 받고 증인이 된 제자들

3 성령의 충만함을 받은 제자들에게 능력이 어떻게 나타났습니까(5~11절)?

4 각 방언으로 복음을 전하는 제자들에 대한 사람들의 반응은 어떠했습니까(12~13절)?

5 성령께서 강림하신 이유가 무엇이라고 생각하십니까?

메시지

예수님의 말씀대로 오순절 날에 성령께서 강림하셨습니다. 성령께서 오심으로 제자들은 권능을 받게 되었고 선교명령은 제자들에 의해서 수행되어져 갔습니다. 성령께서 강림하신 의의는 무엇입니까?

예수님의 신실하심이 나타났습니다.

성령께서 강림하신 날은 오순절 날이었습니다. 이날은 맥추절로서 곡식을 추수하는 기쁨과 시내산에서 모세가 하나님으로부터 율법을 받은 날을 기념하는 절기로 하나님으로부터 말씀을 받은 날의 의미가 있습니다. 또한 성령께서는 제자들이 하나가 되었을 때 오셨습니다. 성령께서는 준비가 되어있는 곳에 역사하십니다. 그러므로 우리는 늘 성령의 그릇으로서의 준비된 삶과 사역을 해야 합니다(고전 6:19~20). 또한 예수께서는 보혜사이신 성령님을 아버지께서 보내주실 것이라고 제자들에게 말씀하셨는데(요 14:25~26; 행1:4~5) 말씀하신대로 성령께서 오셨습니다. 성령님의 오심은 예수님의 이 말씀이 성취되었음을 보여준 사건입니다. 예수님은 신실하셔서 말씀하신 것을 꼭 이루십니다. 선교를 감당하기 위해서는 무엇보다도 신실하신 예수님에 대한 믿음이 있어야 합니다. 선교명령을 받은 자가 예수님에 대한 믿음을 갖지 않는다면 선교할 수 없습니다. 모든 필요를 채우실 신실하신 주님을 바라보십시오.

선교명령수행을 위한 능력을 덧입게 하셨습니다.

성령님의 강림은 3가지 초자연적인 모습으로 나타났습니다. 급하고 강한 바람 같은 소리와 불의 혀 같이 갈라진 것 그리고 다른 방언이었습니다. 사람들의 귀에 들렸고 눈에 보여졌으며 인간의 언어로 나타났습니다. 하늘로부터 임한 소리는 권능을(눅 24:49), 불은 깨끗케 함을(사 6:6~7), 방언은 복음의 보편성을 상징합니다. 이렇게 나타난 성령님의 역사는 제자들에게 권능을 부여했고 죄를 깨달아 회개케 하며 복음을 온 세상의 모든 족속에게 증거하게 하는 것으로 나타났습니다. 제자들은 사람들이 두려워 감람원에 숨어 지냈지만 성령의 충만함을 입고 선교명령을 수행할 능력있는 주님의 전사들로 변화되었습니다. 예루살렘 거리로 나아가 각 종족의 말로 담대하게 하나님의 큰 일, 주 예수의 복음을 전했습니다. 권능을 받은 제자들은 마치 새 술에 취한 것 같았습니다. 선교는 인간의 능력으로 감당할 수 있는 것이 아닙니다. 선교는 주님이 주신 능력으로만이 가능합니다.

나누어볼까요?

성령님의 능력이 나에게는 어떻게 나타나는지 말해봅시다.

합심기도합시다

1. 성령의 충만을 위해
2. 함께 모인 성도와 지체들의 한 주간의 기도제목을 나누고 기도

제 41 과 세계선교에 부름 받은 바울

■ 본문 / 사도행전 9:1~19상　　　찬송 / 34장, 218장

선교는 하나님의 부름에 순종하는 사람들을 통해 이루어집니다. 지금도 하나님은 땅 끝까지 이르러 예수님의 증인된 삶을 살고자 하는 헌신 자들을 부르시고 계십니다. 오늘은 세계선교에 부름을 받은 바울에 대하여 살펴봅시다.

같이 풀어봅시다

사울을 회심시키신 예수님

1 사울은 어떤 사람이었습니까(1~2, 5절)?

2 예수께서는 사울을 어떻게 회심시키셨습니까(3~9절)?

아나니아를 통해 사울을 도우신 예수님

3 사울을 도우라는 것에 대한 아나니아의 반응은 어떠했으며, 사울을 부르신 주님의 뜻은 무엇입니까(10~14, 15~16절)?

4 아나니아는 어떻게 순종하였으며, 순종의 결과는 무엇입니까(17~19상절)?

5 선교에 있어 사울 한 사람의 회심이 어떤 결과를 가져왔습니까?

메시지

예수께서는 사울을 회심시키시고, 그를 붙들어 자신의 뜻을 성취해 가셨습니다. 세계선교를 위하여 예비 된 그릇인 사울을 어떻게 부르셨습니까?

자신을 계시하사 회심시키심으로 부르심

스데반의 피를 묻히고 난후, 주님의 제자들을 핍박하는데 더욱 위협과 살기가 등등하여 그리스도인들을 잡고자 다메섹으로 향하던 사울에게 예수께서는 청년 사울의 시력을 상하게 할 정도의 강렬한 빛으로 자신을 나타내셨습니다(행 22:6). 사울은 놀라 땅에 엎드러졌습니다. 또한 예수께서는 말씀으로 계시하셨습니다. 사울은 큰 빛으로 자기를 둘러 비추고 "네가 어찌하여 나를 핍박하느냐"라는 음성을 듣고 하나님의 위엄을 느껴 "주여 뉘시오니까" 라고 여쭈었습니다. 들려오는 음성은 "네가 핍박하는 예수라" 하는 것이었습니다. 사울은 그제야 자신이 핍박하던 예수가 하나님이신 것을 알게 되었고 큰 충격에 휩싸였습니다. 핍박자요 살인자였던 사울은 큰 빛과 말씀으로 자신에게 찾아오신 예수님을 인하여 회심하였습니다.

동역자를 통해 도우심으로 부르심

사울은 주님의 은혜로 회심한 후, 금식하며 기도하면서 주의 인도하심을 기다렸습니다(9, 11절). 예수님은 아나니아를 보내서 사울을 돕게 하였습니다. 사울의 과거 행적을 알고 있었던 아나니아는 사울을 도우라는 주님의 말씀에 순종하기 힘들었지만, 사울을 향한 주님의 뜻을 알고 난 후에는 순종하였습니다. 아나니아는 사울을 찾아가 안수하고 주안에서 형제로 대하였고 주의 말씀을 전했습니다. 눈을 뜬 사울에게 세례를 주고, 음식을 먹게 하였습니다. 아나니아의 섬김은 원수를 사랑한 것입니다. 사울은 아나니아의 따뜻한 사랑과 섬김에 위로와 감동을 받았을 것입니다. 사울의 회심은 주님에 의해 전격적으로 일어났지만, 그가 세계선교의 현장에 나아가기까지는 아나니아의 세심한 섬김이 있었습니다. 훗날 바울은 세계선교의 영웅적인 사역자가 되었습니다. 물론, 우리 모두가 다 영웅이 될 수 없습니다. 그러나 영웅 뒤에 숨겨진 영웅은 될 수 있습니다. 영웅을 섬겨주는 더 큰 사람이 되도록 노력합시다.

나누어볼까요?

나를 향한 주님의 부르심은 무엇이며 어떻게 부르셨는지 말해봅시다.

합심기도합시다

1. 주님의 부르심에 순종하는 삶을 살도록
2. 함께 모인 성도와 지체들의 한 주간의 기도제목을 나누고 기도

제 42 과 선교사를 파송하는 안디옥 교회

본문 / 사도행전 13:1~3 찬송 / 33장, 401장

선교는 교회가 부름 받은 자들을 파송함으로 이루어집니다. 교회는 선교사들을 파송함으로 새로워지고, 부흥하게 됩니다. 오늘은 부름을 받은 바울과 바나바를 선교사로 파송한 안디옥교회에 대하여 살펴봅시다.

같이 풀어봅시다

좋은 리더가 있고 복음의 능력이 나타나는 교회

1 안디옥 교회의 선지자들과 교사들의 이름은 무엇입니까(1절)?

2 안디옥 교회에 복음의 능력이 어떻게 나타났습니까(1절)?

성령의 뜻을 구하며 순종하는 교회

3 안디옥 교회의 예배는 어떠했습니까(2상절)?

4 안디옥 교회를 향한 성령의 뜻은 무엇이며 어떻게 순종하였습니까(2하~3절)?

5 안디옥 교회를 통해 볼 때 교회다운 모습은 무엇이라고 생각됩니까?

메시지

안디옥 교회는 성령의 뜻을 따라 바나바와 바울을 선교사로 파송하였습니다. 선교사를 파송하는 교회가 되기 위해서는 어떻게 해야 하겠습니까?

제자를 양육하는 교회가 되어야 합니다.

안디옥 교회는 스데반 순교라는 큰 환난으로 인해 흩어졌던 그리스도인들에 의해 개척된 어린교회였습니다. 바나바가 예루살렘교회로부터 파송을 받아 바울과 함께 가르침으로 더욱 부흥하여 그리스도인이라는 별명을 얻기도 하였습니다(행 11:19~26). 누가는 이러한 안디옥 교회를 소개하면서 다른 무엇보다도 선지자들과 교사들을 자랑했습니다. 안디옥 교회는 자랑할 만한 성경선생들이 많은 교회, 제자를 양육하는 교회라는 것입니다. 출신성분에 상관하지 않고 사람들에게 복음을 전하고 주의 제자로 양육하여 교회의 리더로 세웠습니다. 성령께서는 선교사의 자원이 있는 안디옥 교회를 쓰셔서 세계선교의 역사를 시작하셨습니다. 교회가 선교사를 파송하고 싶어도 파송할 만한 선교사의 자원이 없다면 파송할 수가 없습니다. 그러므로 선교사를 파송하는 교회가 되기 위해서는 제자를 양육하는 교회가 되어야 합니다. 제자 양육을 통해 복음의 능력을 경험하는 교회가 선교사명을 수행할 수 있습니다.

성령 충만한 교회가 되어야 합니다.

안디옥 교회는 성령의 뜻을 구하며 금식하면서 예배하였습니다. 예배가 살아 있는 교회였습니다. 예배(Worship)가 살아 있는 교회는 최고의 가치를 하나님께 드립니다. 하나님께서 말씀하시는 것이 무엇인지 경청합니다. 그리고 들은 말씀에 순종합니다. 하나님께 예배하면서 딴 청만 피우고 가는 것은 진정한 예배가 아닙니다. 살아 있는 예배를 드렸던 안디옥 교회는 교회의 중심지도자인 바나바와 바울을 '선교사로 파송하라'는 성령의 음성을 듣게 되었고 그 말씀에 순종하여 두 사람을 파송하였습니다. 살아 있는 예배를 드리기 위해서는 성령 충만해야 합니다. 성령 충만한 교회는 성령의 음성을 듣게 되고, 순종하게 됩니다. 성령께서는 지금도 여러 족속에게 구원의 복음을 전하기 위하여 선교사를 찾고 계십니다. 성령 충만한 교회만이 선교사를 찾으시는 성령의 음성을 들을 수 있습니다. 성령 충만하여 성령의 음성을 듣고 순종하는 교회가 선교사명을 수행할 수 있습니다.

나누어볼까요?

교회가 선교사를 파송하려면 무엇을 우선적으로 해야 하는지 말해봅시다.

합심기도합시다

1. 선교사를 파송하는 데에 힘쓰는 교회 되도록
2. 함께 모인 성도와 지체들의 한 주간의 기도제목을 나누고 기도

제 4 3 과

선교하는 바울과 바나나

본문 / 사도행전 13:4~16, 42~52 찬송 / 50장, 389장

선교는 선교명령을 받은 자들의 순종을 통해 열매가 나타납니다. 안디옥 교회의 파송을 받은 바울과 바나바는 성령의 인도하심을 좇아 세계선교를 감당하였습니다. 오늘은 선교하는 바울과 바나바를 살펴봅시다.

같이 풀어봅시다

구브로에서 선교한 바울과 바나바

1 바울과 바나바는 살라미에서 어떻게 선교하였습니까(4~5절)?

2 바보에서 당한 어려움은 무엇이며, 어떻게 극복했습니까? 결과는 무엇입니까(6~12절)?

비시디아 안디옥에서 선교한 바울과 바나바

3 구브로를 떠나 어디에 도착하였으며, 어떻게 선교하였습니까(13~16절)?

4 비시디아 안디옥 선교의 결과는 무엇입니까(42~52절)?

5 선교하는 바울과 바나바를 통해 배우고 느낀 점은 무엇입니까?

메시지

성령의 보내심을 받은 바울과 바나바는 낯선 땅에서 선교사의 삶을 살았습니다. 대적하고 핍박하는 자들이 있었지만 뒤로 물러서지 않았습니다. 바울과 바나바는 어떻게 선교하였습니까?

어려움을 극복하면서 선교했습니다.

성령께서는 바울과 바나바를 구브로로 인도하셨습니다. 구브로의 살라미에 이르러 유대인의 여러 회당에서 하나님의 말씀을 전하고 바보에 이르렀습니다. 그런데 이곳에서 바예수라 하는 유대인 거짓 선지자 박수 엘루마를 만났습니다. 박수 엘루마는 선교사역을 방해하고 총독으로 하여금 믿지 못하게 하였습니다. 예기치 못한 난관에 봉착한 것입니다. 그렇지만 성령 충만한 바울은 대적 자 엘루마를 엄히 책망하고, 담대히 하나님의 말씀을 전하였습니다. 박수 엘루마는 소경이 되는 저주를 받았고, 총독은 믿으며 주의 가르침을 기쁨으로 받았습니다. 선교는 어려움을 극복하면서 사명을 감당하는 것입니다. 어려움을 어떻게 극복할 수 있습니까? 두려워하지 말고 담대해야 합니다(요 16:33; 딤후 1:7). 사단은 두려움을 갖게 합니다. 그러나 하나님은 두려운 마음을 주시지 않았습니다. 믿음을 가지고 담대히 나아갈 때 승리할 수 있습니다.

열정적으로 가르치며 선교했습니다.

바울과 바나바는 먼저 유대인의 회당에 가서 복음을 전하고, 하나님의 말씀을 가르쳤습니다. 그러나 유대인들이 복음을 거절하고 핍박하자 후에 이방인들에게로 나아갔습니다. 먼저 유대인들에게 복음을 전한 것은 하나님에 대한 이해와 관심을 가진 자들에게 우선권을 둔 선교전략이었습니다. 바울이 회당에서 손짓하며 하나님 나라에 대하여 증거 하였는데 "손짓을 했다"는 것은, 어찌하든지 복음을 전하고자 하는 바울의 열정적인 제스처입니다. 선교명령은 열정을 쏟아내는 헌신 자들을 통해 수행되어지며 열매를 맺습니다. 열정을 바쳐 복음을 증거해야 사람들은 마음의 문을 열고 복음에 관심을 갖습니다. 열정적인 증거에 몇 몇 유대인들이 바울과 바나바를 좇았습니다. 그러나 강팍한 유대인들은 시기가 가득하여 복음을 거절하고 핍박하였습니다. 그러자 복음은 이방인에게 전해졌습니다. 이방인들은 복음을 듣고 기뻐하며 믿음을 갖고 영생을 얻었습니다. 열정적인 선교사들에 의해 주의 말씀은 두루 퍼졌습니다.

나누어볼까요?

나는 선교에 어떻게 동참하고 있는지 말해봅시다.

합심기도합시다

1. 세계 곳곳에서 선교하고 있는 선교사들을 위해
2. 함께 모인 성도와 지체들의 한 주간의 기도제목을 나누고 기도

제44과 세계사의 운명을 결정지은 선교

본문 / 사도행전 16:1~10 찬송 / 53장, 268장

선교는 인간의 계획이 아니라, 하나님의 계획입니다. 선교는 인간이 주도하는 것이 아니라, 성령께서 주도하십니다. 선교는 세계사의 운명도 바꾸어 버리는 결과를 낳았습니다. 오늘은 세계사의 운명을 결정지은 사건에 대해 살펴봅시다.

같이 풀어봅시다

고난의 장소에서 동역 자를 얻은 바울

1 바울은 루스드라에서 누구를 만났으며 그는 어떤 사람이었습니까(1~2절)?

2 디모데가 할례를 받은 이유는 무엇이며 바울의 사역의 결과는 어떠했습니까(3~5절)?

성령의 인도함 가운데 선교한 바울

3 바울이 가고자 한 곳은 어디였으며, 성령께서는 바울을 어디로 가라하셨습니까(6~10절)?

4 바울이 드로아에서 무슨 환상을 보았으며, 바울의 선교 팀은 어떤 결정을 하였습니까(9~10절)?

5 복음이 아시아에서 유럽으로 건너가게 되는 이유가 무엇이라고 생각합니까?

메시지

사도 바울과 선교 팀은 아시아에서 복음을 전하고자 하였지만, 성령께서는 막으시고 마게도냐로 인도하셨습니다. 복음이 아시아에서 유럽으로 건너가게 된 사건이 주는 교훈은 무엇입니까?

선교는 성령께서 주도하시는 것

바울은 아시아에서 말씀을 전하고자 했고 또한 비두니아로 가고자 애썼지만, 성령께서 막으시고 허락지 않으셨습니다. 결국 바울은 무시아를 지나 드로아에 이르렀습니다. 바울은 그곳에서 마게도냐 사람 하나가 건너와서 도와달라는 환상을 보게 되었습니다. 이것은 성령께서 바울의 선교일정을 주도하신 것을 알 수 있습니다. 선교를 비롯한 주의 일의 주도권은 사람에게 있는 것이 아니라 성령께 있습니다. 그러므로 내 뜻대로 주의 일이 되지 않는다고 불평하거나, 원망할 필요는 없습니다. 내 뜻대로 되지 않을 때는 성령의 인도하심을 받고자 애쓰는 것이 지혜입니다. 성령의 인도하심은 금지와 허용의 형태로 나타납니다. 어떤 것은 못하게 막으시고, 어떤 것은 허용하심으로 열려 있는 곳으로 인도하십니다. 윌리암 케리는 남태평양의 폴리네시아로 가고자 했지만, 성령께서는 인도로 인도하셨고 리빙스턴은 중국으로 가고자 했지만 아프리카로 인도하셨습니다.

선교는 성령께 순종하는 것

바울은 자기에게 일어난 여러 사건들을 통해 성령의 역사하심을 감지하였습니다. 그래서 자신이 본 환상을 동역자들에게 알렸고 동역자들과 함께 심사숙고하며 논의하였습니다. "우리가 … 인정하노라"(10절)는 이 문제에 대해 서로 활발한 논의를 했다는 것을 보여줍니다. 하나님의 뜻을 분별해 가는데 이성적인 활발한 논의가 있었습니다. 그리하여 결론을 내리길, "하나님께서 마게도냐 사람들에게 복음을 전하라고 우리를 부르셨다"고 확신하고 마게도냐로 떠나기로 힘썼습니다. 바울과 그의 선교 팀은 자신들의 계획대로 선교여행을 하지 못했지만, 성령의 인도하심을 따라 하나님의 뜻을 구하고 성령께 순종하였습니다. 선교는 자신의 야망을 이루는 것이 아니라, 성령의 뜻에 순종하는 것임을 알아야 합니다. 성령께서는 성령의 인도하심을 구하며, 하나님의 뜻을 찾고 순종하고자 애쓰는 이들을 통해 세계선교를 이루십니다. 드로아에서 복음은 유럽으로 진출하였고, 세계사의 운명은 이 순간 결정되었습니다.

나누어볼까요?

성령의 뜻을 분별하고 순종하기 위해서는 어떻게 해야 하겠습니까?

합심기도합시다

1. 성령의 인도하심을 받는 삶을 위해
2. 함께 모인 성도와 지체들의 한 주간의 기도제목을 나누고 기도

제 45 과 선교의 열매 에베소 교회

본문 / 사도행전 19:8~22 찬송 / 25장, 399장

선교는 부흥을 경험하는 현장입니다. 에베소 교회는 세계선교의 열매로서 부흥의 결과였습니다. 오늘은 바울의 선교여행에서 최대의 부흥을 경험하였던 에베소 사역에 대하여 살펴봅시다.

같이 풀어봅시다

제자들을 따로 세워 집중적으로 가르침

1 바울은 에베소의 회당에서 3개월 동안 무엇을 하였으며 그 결과는 어떠했습니까(8~9상절)?

2 회당에서의 사역에 실패한 바울은 두란노 서원에서 어떻게 사역하였으며 그 결과는 어떠했습니까(9하~10절)?

말씀의 강력한 역사를 이룸

3 하나님께서 바울에게 희한한 능력을 행하게 하셨는데 무슨 일들이 발생했으며 그 결과는 어떠했습니까(11~16, 17~19절)?

4 에베소 부흥 역사의 특징은 무엇이며 바울은 어떤 비전을 갖게 되었습니까(20, 21~22절)

5 에베소의 부흥이 주는 교훈은 무엇입니까?

메시지

선교의 열매는 저절로 맺어지는 것이 아닙니다. 가르침이 있어야 부흥이 있고, 부흥이 있어야 열매가 있습니다. 바울이 에베소에서 부흥을 경험할 수 있었던 이유는 무엇입니까?

제자들을 따로 세워 집중적으로 사역함

사도 바울의 전통적인 선교전략은 먼저 그 지역의 회당에 가서 복음을 전하는 것이었습니다. 바울은 에베소의 회당에 들어가 석 달 동안 하나님 나라에 대하여 강론하였지만 결과는 신통치 않았습니다. 그러나 바울은 이러한 결과에 낙심하지 않았고 다시 시작하였습니다. 그들을 떠나 제자들을 따로 세우고 두란노 서원에서 날마다 강론하며 가르쳤습니다. 제자들을 따로 세웠다는 것은 핵심리더들을 얻었다는 것이며, 대중적인 가르침에서 개별적인 가르침으로 전환을 해서 인격적인 가르침을 했다는 것입니다. 복음을 듣는 청중들을 구별하여 영적인 관심이 있는 자들을 얻어서 집중적으로 사역하였습니다. 전통적인 사상과 타락한 세상의 문화에 젖어 살던 자들을 떠나 진리에 대하여 관심이 있는 자들을 따로 구별하여 제자로 삼고 집중적으로 가르친 것입니다. 부흥을 경험하는 선교사역을 이루기 위해서는 제자들을 따로 세워 집중적으로 사역하는 전략이 필요합니다.

성경을 집중적으로 가르치는 사역을 함

사도 바울은 두란노 서원에서 제자들에게 성경을 가르쳤습니다. 그는 첫째, 날마다 성경을 가르쳤습니다. 바울은 아침과 저녁에는 장막 만드는 일을 하고 낮에는 낮잠 자는 시간(siester/오전11시~오후4시)을 이용하여 성경을 집중적으로 가르쳤습니다. 둘째, 장기간 성경을 가르쳤습니다. 에베소에서 3년가량을 머물렀는데 두란노 서원에서 2년간 성경을 가르친 것입니다. 그가 가르쳤던 제자들은 또 다른 사람들을 가르쳐서 아시아에 사는 자는 다 주의 말씀을 듣게 되는 역사가 일어났습니다. 셋째, 눈물로 성경을 가르쳤습니다(행 20:18~21). 하나님 앞에서는 눈물의 기도로, 제자들 앞에서는 눈물의 간절한 호소로 제자들을 훈계하며 성경을 가르치고 양육하였습니다. 성경은 에베소 부흥역사를 "이와 같이 주의 말씀이 힘이 있어 흥왕하여 세력을 얻으니라" 라고 기록하고 있습니다. 부흥을 경험하는 선교사역을 이루기 위해서는 성경을 집중적으로 가르치는 전략이 필요합니다.

나누어볼까요?

부흥을 경험하는 사람들은 어떤 비전을 갖게 되는지 말해봅시다(행 19:21).

합심기도합시다

1. 부흥을 경험할 수 있도록
2. 함께 모인 성도와 지체들의 한 주간의 기도제목을 나누고 기도

제 4 6 과 감사가 넘치는 추수감사절

본문 / 누가복음 17:11~19 찬송 / 308장, 311장

11월은 기독교 절기에 있어서 감사의 달입니다. 한국교회는 11월 셋째 주일에 한 해를 돌아보고 은혜를 주신 하나님께 감사하는 추수감사예배로 드리고 있습니다. 오늘은 감사에 대하여 살펴봅시다.

같이 풀어봅시다

감사할 대상을 잘 알아야 함

1 예수께서는 어디를 방문하셨으며 무슨 일을 하셨습니까(11~14절)?

2 문둥병을 치료받은 열 사람 중 주께 돌아와 감사한 사람은 몇 명이었습니까(15절)?

감사는 구체적으로 해야 함

3 그는 어디 사람이었으며 어떻게 감사하였습니까(15하~16절)?

4 예수님의 마음은 어떠셨으며 감사한 한 사람이 더 받은 복은 무엇이었습니까(17~19절)?

5 감사란 무엇입니까?

메시지

11월은 감사의 달입니다. 기독교인은 감사를 잘 하는 사람이어야 합니다. 감사할 줄 아는 신앙이 진정한 신앙이기 때문입니다. 추수감사절(秋收感謝節, Thanksgiving Day)을 맞아 어떻게 감사를 해야 하겠습니까?

감사해야 할 대상을 잘 알고 감사해야 합니다.

열 명의 문둥병자들은 예수님을 만나 주님의 말씀대로 순종하여 깨끗함을 받았습니다. 그러나 오직 한 사람만이 하나님께 영광을 돌리고 주께 돌아와 감사를 했습니다. 주께 돌아오지 않은 아홉 명의 사람들과는 달리 사마리아 사람이었던 이 한 사람만 예수님이 자신의 문제를 해결해 주신 분이라고 인정한 것입니다. 주께 돌아오지 않은 아홉 사람은 유대인들이었기에 하나님이 자신들을 고쳐주신 것이지, 예수님이 고쳐주신 것이 아니라고 생각하여 굳이 나와 감사를 표현할 이유가 없다고 본 것 입니다. 우리의 인생문제를 해결하시는 분은 하나님이십니다. 그렇지만 하나님께서는 중보자 되시는 예수님 안에서 성령으로 일하심으로 인생문제들을 해결하십니다. 그러므로 우리는 성삼위 하나님께 감사해야 합니다. 유일한 중보자 되시는 예수님 안에서 성령 충만함으로 하나님께 감사하는 것입니다.

무엇을 어떻게 감사해야 할지 알고 감사해야 합니다.

감사는 구체적이어야 합니다. 주께 돌아온 한 사람은 큰 소리로 하나님께 영광을 돌렸습니다. 자신의 입을 열어 공개적으로 하나님께 감사를 드린 것입니다. 또한 예수께 돌아와 엎드려 사례하였습니다. 주께 자신의 모든 것을 드리겠다고 결단하며 감사를 표한 것입니다. 주께 대한 전폭적인 복종과 철저한 자기부인의 삶을 살겠다며 감사를 한 것입니다. 진정한 감사는 나의 모든 것을 주께 드리는 것입니다. 내가 가진 시간, 물질, 명예, 달란트, 사역의 열매, 생명 등. 구체적인 감사는 구체적인 믿음의 표현이며 또 다른 주의 복을 받는 비결입니다. 추수감사절을 맞아 무엇을 어떻게 감사해야 할지 지난 한 해를 돌아보시길 바랍니다. 은혜를 망각하는 어리석은 자가 되지 마시고, 그동안 받았던 은혜들을 기억하며 구체적으로 감사하십시오. 만약 감사할 것이 없을 정도로 낭패를 당한 한해라하더라도 하박국 선지자를 묵상하며 여호와 하나님을 인하여 감사하는 신앙을 회복할 수 있길 바랍니다(합 3:16~19).

나누어볼까요?

한 해 동안 감사의 제목들을 말해봅시다.

합심기도합시다

1. 진정한 감사를 할 수 있도록
2. 함께 모인 성도와 지체들의 한 주간의 기도제목을 나누고 기도

제47과 순교를 각오한 선교사 바울

본문 / 사도행전 21:1~17 찬송 / 27장, 383장

선교는 장벽을 돌파하고 앞으로 전진하는 자들을 통해 이루어집니다. 주를 위해 산다고 하면서 장벽을 돌파하지 않고 주저 앉거나 돌아서는 것은 선교사의 마땅한 자세가 아닙니다. 오늘은 순교를 각오하고 장벽을 돌파하는 바울에 대하여 살펴봅시다.

같이 풀어봅시다

예루살렘에 들어가지 말라

1 바울의 선교여행의 여정이 어떠합니까(1~8절)?

2 선교여행 중에 바울은 제자들에게 무슨 권면을 받았습니까(4절)?

3 아가보라는 선지자의 예언과 사람들이 바울에게 권면한 것은 무엇입니까(9~12절)?

나는 죽을 것도 각오하였노라

4 바울의 각오는 무엇이며 결국 어디에 이르렀습니까(13~14, 15~17절)?

5 바울의 각오를 생각할 때 느낀 점은 무엇입니까?

메시지

주를 위해 살고자 할 때 돌파해야 하는 장벽들이 있습니다. 장벽들을 돌파하지 않으면 복음의 진보를 이룰 수가 없습니다. 바울이 장벽들을 돌파하며 선교할 수 있었던 이유는 무엇입니까?

성령의 인도하심을 받았기 때문입니다.

사도 바울이 예루살렘으로 가고자 한 것은 성령의 뜻이었고 자기의 강한 확신이었습니다(행 19:21, 20:22~24). 그래서 그는 3차 선교여행을 마무리 하면서 예루살렘으로 가고자하였습니다. 그런데 제자들과 사람들은 성령의 역사를 따라 바울이 예루살렘으로 가는 것을 만류하면서 예루살렘에 가면 결박과 환난을 당할 것이라 경고하였습니다. 그렇지만 바울은 예루살렘으로 가던 길을 멈추지 않았습니다. 바울에게 성령의 인도하심이 모순되게 나타나고 있는 것 같지만 그렇지 않습니다. 성령께서는 바울에게 예루살렘에 가면 결박과 환난을 당할 것이지만 가라 하신 것이고 사람들은 결박과 환난이 예상됨으로 가지 말라고 한 것입니다. 그러므로 바울이 예루살렘으로 가던 길을 멈추지 않은 것은 성령의 인도하심을 따라 선교사역을 하였다는 증거가 됩니다. 사랑하는 사람들의 인간적인 생각이 선교사의 마음을 흔들어 놓을 때가 있습니다. 선교사는 성령의 인도하심을 따라 이러한 장벽들을 돌파해야 합니다.

순교자의 각오가 있었기 때문입니다.

예루살렘을 향하여 가는 길목마다 사람들은 사도 바울의 가던 길을 멈추게 하려고 하였습니다. 아가보라는 한 선지자는 행동적 예언을 통해 예루살렘에서 바울이 결박과 환난을 당할 것이라 하였고 사람들은 울면서 바울에게 예루살렘으로 올라가지 말라 권면하였습니다. 그러나 사도 바울의 마음은 흔들렸지만 순교자의 각오가 있었기 때문에 가던 길을 포기하지 않았습니다. 바울은 예루살렘에서 결박당하는 것뿐만 아니라 주 예수님의 이름을 위하여 죽는 것까지도 각오하고 있다고 하였습니다. 선교에 헌신하고자 할 때 예기치 못한 상황들로 인하여 극심한 환난과 핍박, 고통을 당할 때가 있습니다. 심지어 생명의 위협을 받을 때도 있습니다. 그러므로 이러한 장벽들을 돌파하기 위해서는 순교자의 각오가 있어야 합니다. 순교자의 각오는 주님이 나를 위해 생명을 버리셨음으로 나도 주님을 위해 목숨을 바치는 것은 당연하다고 여기는 사람만이 가질 수 있는 확고부동한 영적자세인 것입니다(행 20:22).

나누어볼까요?

어떤 각오를 가지고 주를 위해 살고 있는지 말해봅시다.

합심기도합시다

1. 일사각오의 정신으로 주를 위해 살도록
2. 함께 모인 성도와 지체들의 한 주간의 기도제목을 나누고 기도

제48과 세계선교를 위해 로마로 가는 바울

본문 / 사도행전 27:1~20 찬송 / 502장, 461장

선교는 결코 포기할 수 없는 비전에 불타는 사람들에 의해 이루어집니다. 사도 바울은 죄수가 되었고 목숨이 위태한 상황에 직면했지만 선교의 비전을 결코 포기하지 않았습니다. 오늘은 세계선교를 위해 로마로 가는 바울에 대해 살펴봅시다.

같이 풀어봅시다

죄수들과 함께 로마로 향함

1 바울은 어떤 사람들과 함께 로마로 가는 배에 승선하였습니까(1~5절)?

2 바울이 승선한 배는 어떤 상황에 놓였으며 결국 어떻게 하였습니까(6~13절)?

바다에서 풍랑을 만남

3 바울 일행은 항해 중에 무엇을 만나게 되었습니까(14~15절)?

4 유라굴로라는 풍랑을 어떻게 대처하였으며 결국 어떻게 되었습니까(16~20절)?

5 죄수의 신분으로 로마로 향하고 있는 바울의 심정은 어떠했을까요?

메시지

로마는 세계선교를 위해 꼭 복음화해야 할 도시였습니다. 그러기에 사도 바울은 로마로 갔습니다. 로마로 가는 바울의 형편은 어떠했습니까?

죄수의 신분이었습니다.

바울이 세계선교를 위해 가고자 한 로마는 당시 세계의 중심도시였습니다. 로마제국의 수도로서 제국의 모든 길은 로마로 통했습니다. 자석과 같이 로마는 세계의 사람들을 끌어당겼습니다. 수많은 사람들이 로마를 보기위해 찾아왔습니다. 사도 바울은 로마를 생각할 때마다 로마가 복음화 된다면 세계가 복음화 될 것이라는 선교적인 확신을 가졌습니다. 그러기에 죄수의 신분이지만 로마에 가고자 했고 로마로 향한 것입니다. 겉으로 볼 때에는 황제에게 재판을 받으러 가는 길이지만 그의 길은 세계선교를 향한 하나님의 섭리의 길이었습니다. 죄수이기에 황제에게 상소할 수 있었고, 죄수이기에 로마군대의 호송을 받으며 로마로 향했고, 죄수이기에 로마의 황제 근위병들에게 복음을 전할 수 있었습니다(행 28:16). 하나님의 부르심을 좇아 사는 사람들은 어떠한 형편에 처해도 소명을 잃지 않습니다. 선교는 하나님의 섭리를 믿으며 앞으로 전진 하는 자들을 통해 이루어집니다.

목숨이 위태한 상황이었습니다.

하나님의 부르심을 좇아 소명을 이루고자 로마로 향한 바울에게 순탄한 길만 있었던 것은 아닙니다. 바울이 승선한 배는 로마로 가던 중 유라굴로라는 광풍을 만나 제대로 항해하지 못하고 바람에 밀려갔습니다. 바울 일행은 최선을 다했지만 파선에 직면하였고 목숨이 위태한 상황에 처했습니다. 그렇지만 바울은 절망하지 않았습니다. 오히려 위기의 순간에 리더십을 발휘하였고 죽을 형편에 처한 사람들을 위로하고 살려냈습니다(행 27:21~44). 소명이 분명하고 하나님의 섭리를 믿는 사람들은 절망적인 상황에 처하더라도 결코 삶을 포기하지 않았습니다. 오히려 위기의 순간에 강한 면모를 보여 줍니다. 하나님께서는 이러한 사람들을 보호하시고 소명을 이룰 수 있도록 인도하십니다. 선교는 목숨이 위태한 상황에 처한다하더라도 낙심하지 않고 헌신하는 자들을 통해 이루어집니다. 그러므로 신분이나 처한 형편에 따라 너무 요동하지 말고 중심을 지키는 자가 되어 하나님께 쓰임 받아야 하겠습니다.

나누어볼까요?

목숨이 위태한 지경에 처하더라도 결코 포기할수 없는 비전을 나누어봅시다.

합심기도합시다

1. 세계선교의 비전을 붙잡고 살도록
2. 함께 모인 성도와 지체들의 한 주간의 기도제목을 나누고 기도

제 49 과 로마에 입성한 바울

본문 / 사도행전 28:1~15 찬송 / 348장, 385장

선교는 하나님의 은혜를 붙들고 비전을 좇아 주님의 뜻을 이루는 것입니다. 사도 바울은 로마에 입성하면서 하나님의 은혜를 경험하며 비전을 새롭게 하였습니다. 오늘은 로마에 입성한 바울에 대해 살펴봅시다.

같이 풀어봅시다

멜리데에 상륙함

1 바울 일행은 구사일생 멜리데에 도착했습니다. 해변에서 무슨 일이 있었습니까(1~6절)?

2 바울은 멜리데 섬에서 무엇을 하였으며 그 결과 무슨 일이 일어났습니까(7~10절)?

로마에 도착함

3 멜리데에서 로마까지의 여정은 어떠했습니까(11~14절)?

4 로마의 형제들은 바울을 어떻게 영접하였습니까(15~16절)?

5 로마에 도착한 바울의 심정은 어떠했을까요?

메시지

사도 바울은 하나님 앞에서 품은 비전(행19:21)과 주님의 뜻(행23:11)대로 드디어 로마에 도착했습니다. 하나님께서 로마로 오는 여정가운데서 바울에게 베푸신 은혜는 무엇입니까?

멜리데에서 잠깐 쉬게 하심

유라굴로 광풍을 뚫고 구사일생 천신만고 끝에 멜리데에 상륙한 바울 일행은 그곳에서 토인들의 영접을 받았고 사도 바울이 독사에 물렸지만 상하지 않은 것과 보블리오의 부친과 병든 자들을 고쳐준 것으로 인해 후한 대접을 받았으며 떠나 올 때에는 일행의 쓸 것도 공급받았습니다. 바울에게 있어 멜리데에서의 3개월은 하나님의 은혜였습니다. 비록 죄수의 신분이었지만 여러 사건들을 통해서 하나님의 사람으로 인정을 받았고 2년간의 가이사랴에서의 감옥생활과 힘든 항해로 인해 지친 심신의 회복과 영적인 재충전의 시간을 가질 수 있었습니다. 로마로 가는 길이 매우 험하여 생명을 잃을 위험도 있었지만 하나님께서는 바울을 붙들었고 안전하게 보호하셨으며 쉼을 주사 회복과 재충전의 시간을 갖게 하셨습니다. 하나님께서는 하나님이 주신 비전을 좇아 생명을 걸고 사는 사람들을 지키시고 보호하시며 적절한 때에 쉼도 주십니다. 신실하신 하나님을 온전히 의지하고 사는 것은 선교의 기본입니다.

로마형제들의 따뜻한 영접을 받게 하심

드디어 꿈에 그리던 로마에 사도 바울은 도착하였습니다. 비록 쇠고랑을 찬 죄수의 모습이었지만 간절한 소망이 이루어진 것입니다. 바울이 로마에 온다는 소식을 들은 로마의 형제들이 먼 곳까지 마중을 나와 따뜻한 영접을 해주었습니다. 에베소의 부흥을 경험하고 후에 로마도 보아야 하리라 했던 바울은 로마의 형제들을 만나고 감격하였습니다. 예상치 않은 로마형제들의 따뜻한 영접은 바울에게 큰 위로가 되었고 비전을 새롭게 하는 계기가 되었습니다. 바울은 하나님께 감사하고 담대한 마음을 가졌습니다. 쇠고랑을 찬 죄수의 몸으로 로마에 입성하는 바울에게 주신 하나님의 은혜는 로마 복음화와 세계 복음화에 대한 선교적인 확신을 더욱 강하게 하였습니다. 바울은 하나님의 은혜와 세계선교의 확신가운데서 압비오 가도를 통해 로마에 들어갔습니다. 하나님께서는 하나님의 뜻을 좇아 사는 사람들을 위로하시고 은혜를 베푸십니다(고후 1:3~5). 하나님의 위로를 받고 사는 것은 선교의 기본입니다.

나누어볼까요?

비전을 좇아 살아가는 나에게 주신 하나님의 은혜들을 말해봅시다.

합심기도합시다

1. 비전을 이루는 삶을 살도록
2. 함께 모인 성도와 지체들의 한 주간의 기도제목을 나누고 기도

제 50 과 셋집에서 로마 선교에 헌신한 바울

본문 / 사도행전 28:17~31　　　　찬송 / 375장, 257장

선교는 세계복음화를 열망하며 세계를 품고서 성경을 가르치는 것으로부터 시작됩니다. 오늘은 로마 제국의 한 구석, 자기의 셋집에서 성경을 가르치는 일에 헌신한 바울에 대하여 살펴봅시다.

같이 풀어봅시다

유대인에게 성경을 가르침

1 바울은 유대인들을 초청하여 무슨 말을 말을 했으며 그들의 반응은 어떠했습니까(17~22절)?

2 바울은 유대인들에게 성경을 어떻게 가르쳤으며 유대인의 반응은 어떠했습니까(23~24절)?

이방인에게 성경을 가르침

3 복음을 영접하지 않는 자들에 대한 바울의 경고는 무엇이며 결국 복음은 누구에게 전해지게 됩니까(25~28절)?

4 세계선교의 비전을 품은 바울이 로마에서 한 사역은 무엇입니까(30~31절)?

5 셋집에서 성경을 가르치는 바울의 모습이 주는 교훈은 무엇입니까?

메시지

로마 선교를 통한 세계복음화라는 원대한 비전을 이루기 위해 숱한 역경을 돌파하고 로마에 도착한 사도 바울이 구체적으로 무슨 사역을 하였습니까?

먼저 유대인에게 성경을 가르쳤습니다.

사도 바울은 죄수로서 가택 구금이 되었지만 주님이 주신 비전을 포기하지 않았습니다. 그는 먼저 유대인 지도자들을 초청하여 자신이 로마에 오게 된 이유와 쇠사슬에 매인 이유를 설명하고 그들에게 성경을 가르쳤습니다. 아침부터 저녁까지 약 10시간 정도 하나님 나라를 증거하고 구약성경을 가지고서 예수님을 전하고 믿도록 권면하였습니다. 그 결과 믿는 자도 있고 믿지 아니하는 자도 있었으며 서로의 의견이 갈린 채 헤어졌습니다. 바울은 이들의 반응을 보고 성령께서 이사야 선지자로 하신 말씀을 예로 들었습니다(사 6:9~10). 대부분의 로마의 유대인들은 마음이 강퍅하여 고의적으로 복음을 거부하였습니다. 바울은 하나님의 뜻을 좇아 유대인들을 포기하지 않았지만 유대인들은 구원받기를 거절하였습니다. 그렇지만 하나님의 구원계획은 취소되지 않았고 오히려 복음이 이방인에게로 나아가는 계기가 되었습니다. 이것은 하나님의 인류구원계획의 섭리입니다.

성령의 뜻을 좇아 이방인에게 성경을 가르쳤습니다.

로마의 유대인들이 복음을 거절한 것을 경험한 사도 바울은 성령의 뜻을 좇아 이방인에게 성경을 가르치는 사역을 하였습니다(행 13:46, 18:6, 19:8~9). 바울에게 찾아오는 사람들이 다 이방인은 아니었을 것이지만 바울은 만 2년 동안 자기의 셋집에 찾아오는 사람들을 다 영접하고 담대하게 하나님 나라와 주 예수에 관한 것을 집중적으로 가르쳤습니다. 바울이 담대하게 가르쳤다는 것은 성령의 충만함으로 확신을 가지고 복음을 전하고 가르쳤다는 것입니다. 금하는 사람이 없었다는 것은 감시하는 군사들이 호의적이거나 복음화 되었다는 증거입니다. 바울을 감시하던 로마의 군사들은 6개월 간격으로 교체가 되어 제국의 각 지역으로 흩어져 근무를 하기 때문에 이곳에서 복음을 듣고 회심한 군사들은 로마 제국의 곳곳에 파견된 선교사와 같았습니다. 바울은 쇠사슬에 매어 있었지만 그가 전한 복음은 매이지 않았고 세계의 심장부 로마에서 증거되기 시작한 복음은 세계로 퍼져나갈 수 있었습니다.

나누어볼까요?

세계를 품고 산다면 구체적으로 무엇을 해야 하는지 말해봅시다.

합심기도합시다

1. 세계를 품고 사는 성경선생이 되도록
2. 함께 모인 성도와 지체들의 한 주간의 기도제목을 나누고 기도

제 5 1 과

동방박사들의 방문

본문 / 마태복음 2:1~12　　　　찬송 / 115장, 116장

주님의 첫 성탄을 제대로 준비했던 동방의 박사들은 당시 페르시아에서 점성술과 자연과학을 통해 종교적인 영향력을 행사하던 사람들이었습니다. 오늘은 동방박사들을 살펴봄으로 주님의 성탄을 어떻게 준비해야 할 것인지 알아봅시다.

같이 풀어봅시다

소동하고 무관심한 사람들

1 동방박사들이 예루살렘에 와서 무엇이라고 말했습니까(1~2절)?

2 예수님의 탄생소식을 들은 왕과 종교지도자들, 백성들의 반응은 어떠했습니까(3~8절)?

찬양과 경배를 올린 사람들

3 예수님의 탄생에 대하여 동방박사들의 반응은 어떠했습니까(9~11절)?

4 동방박사들은 아기예수님을 만나 경배하고 어디로 갔습니까(12절)?

5 주님의 성탄을 맞이하는 자세는 어떠해야 하겠습니까?

메시지

주님의 첫 성탄을 맞이했던 여러 사람들의 반응을 살펴볼 때 우리는 진정한 왕으로 오신 예수님에 대한 바른 자세를 가질 수 있습니다. 진정한 왕이신 예수님의 탄생에 대한 사람들의 반응은 어떠했습니까?

소동하고 무관심함

헤롯 왕은 예수님의 탄생을 정치적으로 해석하여 미래의 왕을 죽이고자 소동하였고, 백성들은 새로운 왕의 탄생이 가져올 정치적 파장인 혼란과 파괴에 대한 염려로 소동하였습니다. 대제사장과 서기관들은 하나님의 예언을 잘 알고는 있었지만 예수님의 탄생에 대하여 무관심하였습니다. 아마도 이들은 현실에 젖어 살다보니 영적으로 민감한 삶을 살지 못하고 있었기 때문입니다. 참으로 안타까운 일이 아닐 수 없습니다. 하나님의 인류구원 계획 가운데 오신 진정한 왕, 메시아의 탄생소식이 이들에게는 전혀 복음이 되지를 못했고 오히려 삶의 짐이 되었습니다. 오늘 우리도 주님의 성탄을 맞이하면서 우리의 삶을 진지하게 돌아보아야 하겠습니다. 현실에 젖어 살다가 하나님 나라에 대한 소망을 잃고서 살고 있지는 않는지, 하나님 나라에 대한 무관심과 주님의 재림에 대한 염려로 살고 있지는 않는지, 영적인 생명력을 앗아가는 것들이 있다면 과감하게 청산하는 성탄이 되어야 하겠습니다.

찬양하며 경배함

동방박사들은 예수님의 탄생의 소식을 듣고 매우 기뻐하고 즐거워하였으며 아기 예수님을 찾아 찬양하고 경배하였습니다. 이들은 진리에 대한 호기심으로 천체의 큰 변화를 읽고 동방으로부터 유대의 예루살렘에까지 진정한 왕, 메시아를 찾아 긴 여행을 하였습니다. 시간과 거리, 정치적 장벽을 돌파하고 일사각오의 정신으로 메시아께 나온 것입니다. 계시를 따라 아기 예수님의 탄생장소를 찾게 되었고 예수께 엎드려 경배하고 황금과 유향과 몰약을 예물로 바쳤습니다. 우리는 성탄을 맞이하면서 주님의 성탄에 대하여 무관심하고 소동하고 있는 세상의 무리들과는 달리 동방박사들처럼 만왕의 왕으로 오신 예수께 나의 가장 귀한 것들을 바치며 경배하고 헌신의 삶을 다짐해야 하겠습니다. 주님의 성탄이 복음이 되도록 복음을 간절히 기다리고 있는 사람들을 찾아 복된 소식을 전해야 하겠습니다. 하나님의 사랑이 이 땅의 구석구석에 전해지도록 동방박사들과 같은 수고를 감당해야 하겠습니다.

나누어볼까요?

주님의 성탄 기쁨을 누구와 어떻게 나눌 것인지 말해봅시다.

합심기도합시다

1. 주님의 성탄 소식이 온 세계 구석구석에 전해지도록
2. 함께 모인 성도와 지체들의 한 주간의 기도제목을 나누고 기도

제 52 과

올해를 돌아보며

본문 / 마태복음 25:14~30 찬송 / 460장, 270장

새해를 시작할 때가 어제 같은데 벌써 한 해가 지나가고 있습니다. 올해를 돌아보며 주님의 은혜를 기억하고 감사해야 하겠습니다. 또한 새해를 설계하는 시간이 되었으면 합니다. 오늘은 올 한 해를 돌아보며 달란트 비유에 대하여 살펴봅시다.

같이 풀어봅시다

착하고 충성된 종

1 다섯 달란트와 두 달란트를 받은 자는 어떻게 하였습니까(16~17절)?

2 두 사람에 대한 주인의 평가는 어떠했습니까(19~23절)?

악하고 게으른 종

3 한 달란트를 받은 자는 어떻게 하였습니까(18절)?

4 한 달란트를 받은 사람에 대한 주인의 평가는 어떠했습니까(24~30절)?

5 올해 주님이 주신 달란트를 어떻게 사용하였습니까?

메시지

벌써 올해가 지나갑니다. 올해도 변함없이 함께 하신 성도들을 생각할 때 감사합니다. 주님이 주신 달란트 비유는 지난 한 해의 결산과 새해를 설계하는데 귀한 교훈을 줍니다. 달란트 비유가 주는 교훈은 무엇입니까?

인생은 달란트를 받은 것이라는 것입니다.

당시 달란트는 엄청난 금액의 화폐단위였습니다. 그러나 오늘날 달란트의 개념은 재능과 은사, 사명 등을 말합니다. 주인이 종에게 맡긴 달란트는 주인의 소유 중 일부였습니다. 주인은 달란트를 각각의 종들의 능력을 평가하여 맡길 분량만큼을 공평하게 맡겼으며 때가 되었을 때에 결산하였습니다. 인생은 이와 같습니다. 인생의 주인은 내가 아니라 하나님이시며 하나님께서는 분명하신 계획가운데서 각각의 능력에 맡게 공평하게 재능과 은사와 사명을 주셨습니다. 인생은 하나님께서 계획을 가지시고 각자의 능력에 맞게 재능과 은사와 사명을 주신 것입니다. 그러므로 인생을 내 맘대로 사는 것은 죄입니다. 인생 결산의 때를 바라보며 진지하게 살아야 합니다. 하나님께서 주신 것들을 잘 사용하여 꼭 열매를 맺어야 합니다. 지난 일 년을 돌아보며 과연 나는 하나님이 주신 달란트를 기억하고 살았는지, 내 인생은 하나님이 주신 것이라는 확신가운데서 살았는지 진지하게 생각해 보십시오.

인생은 두 가지 패턴이 있다는 것입니다.

달란트 비유는 인생에는 두 가지 삶의 패턴이 있음을 보여줍니다. 첫째, 착하고 충성된 종의 패턴입니다. 착하다는 것은 생각이 바르다는 것입니다. 주인이 달란트를 맡긴 의도를 올바로 이해했다는 것입니다. 충성됨은 신실함과 열심입니다. 주인이 맡기신 뜻을 이루기 위해 부지런히 땀 흘리고 수고하며 애쓰는 것입니다. 일의 크고 작음을 떠나 하나님이 맡겨주셨다면 최선을 다해 열심히 하여 열매를 맺는 것입니다. 둘째, 악하고 게으른 종의 패턴입니다. 악하다는 것은 생각이 바르지 못하다는 것입니다. 주인이 달란트를 맡긴 의도를 올바로 이해하지 못하고 자기 나름대로 생각하여 주인의 뜻을 오해하여 아무것도 하지 않은 것입니다. 게으르다는 것은 일하기를 싫어하는 것으로 해야 할 일이 있는데도 자신의 생각에 따라 아무것도 하지 않아 열매를 맺지 못하였다는 것입니다. 삶의 패턴이 인생을 좌우합니다. 결산의 때의 상과 벌은 인생을 어떤 삶의 패턴으로 살았느냐에 따라 결정됩니다.

나누어볼까요?

서로를 생각하며 마음이 담긴 선물들을 주고받고 감사의 말들을 해 봅시다.

합심기도합시다

1. 감사와 기쁨, 찬양이 넘치는 송년이 되도록
2. 함께 모인 성도와 지체들의 올해 감사제목들을 나누고 기도

도움말

1-11과

1과

1 : 소극적인 면(1절), 적극적인 면(2절)

5과

2 : 하늘과 땅의 모든 권세: 천사들보다 높고 땅 위의 어떤 권세들보다 큰 권세 (빌 2:10).

6과

4 : 관제(灌祭)-제단에서 제물을 불사르기 전에 포도주를 제물에 붓는 의식. 바울이 자신의 삶을 다 바쳐 전도자의 삶을 살았음을 비유한 것임.

9과

1 : 온 동네가 문 앞에 모였더라고 할 정도로 많은 병자들과 귀신들린 자들이 예수께 몰려옴.

4 : 모든 사람들이 주를 찾고 있다고 하며 무리들의 요구를 들으실 것을 요청.

5 : 무리들의 요구를 거절하시고 다른 가까운 마을로 가셔서 전도하심.

6 : 하루의 첫 시간에 하나님을 만남, 전도에 대한 우선권이 분명하셨음.

10과

1 : 바리새인- '구별된 자들' 이란 뜻으로 바리새파는 당시 이스라엘의 유력한 한 종파임. 바리새인은 원문을 터득하고 율법을 가르치는 업무를 했음.

유대인의 관원- '산헤드린' 이라 불렀던 공회 회원 71인으로 구성된 유대의 입법, 사법 기관으로 최고의 통치기구임

2 : 이스라엘의 선생이었지만 영적으로 무지한 자. 그렇지만 하나님 나라에 대해 관심을 가지고 있었던 자.

3 : 하나님 나라와 거듭남의 문제.

4 : 니고데모를 이해하시고 광야의 놋 뱀 사건을 예를 들어 설명하심(민 21:4~9).

인자도 들려야 하리니(14절)-예수께서 십자가 위에서 달려 죽으심을 의미함.

5 : 영생. 십자가 앞에 나아온 니고데모를 볼 때 거듭났다고 볼 수 있음.

11과

1 : 물이 필요한 사람, 유대인들과는 상종치 않았던 사마리아인, 남편이 다섯이나 있었고 지금 있는 남편도 진정한 남편이라 할 수 없는 여인. 사연이 많은 여인임.

사마리아-이스라엘의 한 지방. BC752-722년 앗수르의 침공시 정절을 지키지 못하고 혼혈족이 되어 유대인으로부터 따돌림을 당하고 살았음.

4 : 왜 유대인이면서 사마리아 여자인 나에게 물을 달라고 하느냐고 함(9절).

예수께서는 물로 시작해서 영적인 문제(죄의 문제)에 까지 터치하심으로 대화하심.

5 : 대화를 나누는 가운데 메시아에 대한 기대를 말했고 예수께서 자신이 메시아이심을 드러내심으로 믿게 됨(25~30절).

12-15과

12과

1 : 세리장이요 또한 부자. 키가 작은 사람. 죄인 취급받음.
세리는 당시 로마 제국의 앞잡이가 되어 백성들에게 과도하게 세금을 거두고 착취함.

3 : 뽕나무에 올라간 삭개오를 보시고 부르심. 그리고 그의 집에 들어가심으로 만남.

4 : 토색- 악랄한 방법으로 착취하는 행위.

5 : 구원. 자신의 오신 목적이 잃어버린 자를 찾아 구원하러 오셨다고 하심.
아브라함의 자손: 택함 받은 백성, 믿음으로 된 하나님의 백성을 말함.

13과

1 : 더러운 귀신을 제어하는 권세 즉 전도할 수 있는 능력을 주심.

2 : 간편하게 여행준비물을 준비하라, 영접하는 자의 집에 유하라. 영접하지 않는 자들 앞에서는 신발의 먼지를 털라.

14과

1 : 예수님의 옷을 갖기 위해 제비뽑기를 함. 무관심함.
예수께서는 유대인의 시간 제 삼시(오전9시경)에 십자가에 못 박히셨음(막 15:25).

2 : 예수님을 모욕함.

3 : 예수님을 희롱함.

4 : 제 육시(정오경)로부터 어두움이 임하여 제 구시(오후3시경)까지 계속되었음.
이것은 유월절 시기임으로 일식현상이 아니고 예수님의 고난에 대한 하나님의 최소 한의 조치로 나타난 초자연적인 현상임.

15과

1 : 예루살렘에서 가사로 내려가는 길까지 가라하심.
빌립은 순종하여 일어나감. 이 길은 약 100Km정도 되는 거리임.

2 : 병거로 가까이 나아가라 함.
빌립은 순종하여 달려감.

3 : 주의 영이 빌립을 이끌어 감.
빌립은 아소도을 비롯한 여러 성에서 복음을 전함.

4 : 선지자 이사야의 글을 읽고 있었지만 깨닫지 못하고 있었음.

5 : 성경에 대한 의문을 풀어주고 성경을 통하여 예수를 가르쳐 복음을 전함.

16-19과

16과

1 : 이런 권(權)은 복음을 전하는 사역자들이 복음을 듣고 은혜를 받은 사람들로부터 물질적인 공급을 받을 수 있는 권한임.
그리스도의 복음에 아무런 장애가 없게 하려 함.
2 : 복음전도자로서 당연히 해야 할 일을 했기 때문임(행 26:16~18).
3 : 자신의 권리를 주장하지 않고 오직 복음을 전하는 직분에 충성한 것 자체
4 : 스스로 모든 사람에게 종이 되어 복음에 참예하고자 함.
5 : 운동선수처럼 전심전력하여 상을 얻기 위해 절제해야 함.

17과

1 : 예수께서 십자가에 못 박히신 것과 그 의미에만 관심을 갖겠다고 결심.
2 : 겸손한 심정, 성령의 능력
3 : 복음에 대한 절대적 우월성
4 : 복음과 함께 고난을 받는 것.
5 : 은혜대로, 복음을 위하여 부르심, 부끄러워하지 말고 확신 가운데 행해야 함.
6 : 말씀을 본받아 지키고 복음을 지키고 전하는 것.

18과

1 : 디베랴 바다(1절)-갈릴리 바다를 말함.
물고기를 잡으러 감. 그러나 밤새도록 고기를 잡지를 못함.
2 : 날이 새어 갈 때에(4절).
찾아가심(심방)-첫사랑을 기억하도록 하심(말씀의 능력을 체험토록)-사랑의 교제를 나누심(식사하시며 대화)
4 : 내 어린양을 먹이라(치라)하심. 먹이라는 것은 말씀과 사랑으로 양을 양육하라는 것이고, 치라는 것은 대적자들로부터 양들을 지키고 보호함으로 섬기라는 것.
5 : 순교(18,19절).
죽음의 위험이 있더라도, 다른 사람들이 어떠하든지 비교하지 말고 주님을 따르라하심.

19과

1 : 그리스도를 본받는 자, 다른 사람의 본이 될 정도가 된 사람.
2 : 예수님.
3 : 사도란 "보냄을 받은 자" 라는 뜻.
제자는 주께서 보내신 자임. 그러므로 주께서 맡기신 사명을 감당해야 함.
4 : 그리스도를 본받는 자.
5 : 자신이 본이 되어 사람들을 주의 제자로 양육하고 있음.

20-24과

20과

1 : 산에 올라가셔서 밤이 새도록 기도하심.

2 : 베드로,안드레,야고보,요한,빌립,바돌로매,마태,도마,알패오의 아들 야고보, 셀롯(가나 안)인 시몬, 야고보의 아들 유다(다대오), 가룟 유다.

3 : 주님이 원하신 자들.

4 : 주님과 함께 있게 하시고자 하심(교제), 전도하도록 하시기 위함(전도), 귀신을 내어 쫓아 사람들을 섬기도록 하기 위함(봉사와 구제).

21과

1 : 죽음을 앞두신 중요한 순간에 제자들과 함께 하심.

2 : 위태로우신 때도, 쉬실 때에도, 기도하실 때에도 함께 하심.

4 : 혈연관계에 있는 사람들보다 더 우선하심.

22과

1 : 대속물(代贖物)-노예를 해방시키기 위해 지불하는 몸 값.
예수님은 자기 목숨을 죄의 노예가 된 인류를 구원하기 위해 바치셨음.

2 : 하나님
사람들과 같이 되셨고 십자가에 죽으시기까지 헌신하심.

3 : 자기를 부인하고 자기 십자가를 지고 주님을 따르라 하심.

4 : 주와 복음을 위하여 목숨을 바치는 자세.

23과

1 : 제자들의 냄새나는 발을 씻기심.
발 씻음(5절) - 이일은 당시 종들이 하는 것이었음.

2 : 자신의 발을 절대로 씻기지 못하게 하다가 내가 너를 씻기지 아니하면 나와 상관이 없을 것이라는 주님의 말씀을 듣고는 발 뿐 아니라 손과 머리도 씻겨 달라고 함.

3 : 제자들이 서로 발을 씻기도록 하시기 위해 본을 보이심.

4 : 종처럼 낮아져서 서로의 약점을 감당하고 섬기는 제자로 살도록.

24과

1 : 사람을 낚는 어부가 되게 하리라는 비전을 주심으로

2 : 곧 배와 그물과 부친을 버려두고 예수님을 좇음.

3 : 복음전도의 성과

4 : 복음전도의 성과를 인정하심, 그렇지만 사역의 본질을 잃지 않도록 권면하심

25-29과

25과
1 : 열매 맺는 삶을 살게 하고 기도응답의 삶을 살도록 하기 위해서
2 : 예수님을 사랑하고 주님이 맡겨주신 어린 양을 먹이는 삶
3 : 부득이함으로 하지 말고 오직 하나님의 뜻을 좇아 자원함으로
더러운 이익을 위하여 하지 말고 오직 즐거운 뜻으로
맡기운 자들에게 주장하는 자세를 하지 말고 오직 양 무리의 본이 됨으로
4 : 시들지 아니하는 영광의 면류관

26과
1 : 그리스도 예수 안에 있는 은혜 속에서 강하라
2 : 배운 바를 충성된 사람들에게 부탁하고 그들이 또 다른 사람들을 가르칠 수 있도록 하게 함.
3 : 그리스도 예수의 좋은 군사의 마음을 가지고 고난을 감당할 수 있어야 함.
4 : 자기 생활에 얽매이지 않고 오직 주를 기쁘시게 하고자 해야함.

27과
1 : 백성들은 큰 환난을 당하고 예루살렘성벽은 무너지고 성문은 불타버림.
2 : 하나님께 금식하며 눈물로 기도함.
3 : 자신의 형편을 알고서 기도함.
4 : 조국의 재건, 자신의 헌신, 실제적인 왕의 도움.

28과
1 : 위기-왕 앞에 수심이 가득한 얼굴로 나아감으로 처벌을 받을 수도 있었음.
기회-왕에게 자신의 속내를 말할 수 있는 기회가 됨.
2 : 왕의 지원을 받고자 함-예루살렘 성벽중건역사를 허락받는 것, 자신이 책임자(총독)로 임명을 받는 것, 예루살렘까지 무사히 갈 수 있도록 왕의 조서(통행증)를 받아 내는 것, 성벽중건역사에 필요한 물자를 공급받는 것, 왕의 신뢰를 얻고자 공사기간을 정하는 것 등
4 : 비밀리에 훼파된 성벽을 시찰함, 유다백성들에게 성벽재건역사의 참여를 호소함.

29과
1 : 산발랏과 도비야, 아라비아 사람들, 암몬 사람들과 아스돗 사람들의 위협
2 : 하나님께 나아가 기도함.
3 : 성벽중건역사를 방해하는 자들의 침입에 대비함.
4 : 한손으로 일을 하며 한 손에는 병기를 잡음, 무장을 한 채 중건역사를 함.

30-35과

30과

2 : 위대한 일을 이루시는 하나님

3 : 먼저 지도자를 세워 예루살렘을 다스리게 함, 먼저 귀환한 백성들을 예루살렘에 이주 시킴.

31과

1 : 칠월에, 수문 앞 광장에서 모여 학사 에스라에게 율법 책을 가르쳐 달라고 요청함.

2 : 강사는 학사 에스라(스 7:1~11 참조), 시간은 새벽부터 오정까지(약6시간)
에스라는 특별히 마련된 강단에서 율법 책을 낭독하고 그 뜻을 해석하여 백성들로 하여금 그 낭독하는 것을 깨닫게 함.

3 : 말씀을 듣고자 하는 자발성과 하나님의 말씀에 대한 경외심을 가지고 있었음.

4 : 하나님의 말씀을 깨닫고 은혜를 받아 감격함(영적인 각성).
잊었던 계명과 절기들을 찾아 순종함으로 하나님의 백성 된 기쁨을 나누게 됨(부흥).

32과

1 : 죄를 깨닫고 금식하며 굵은 베를 입고 티끌을 무릅쓰고 회개함.

2 : 영원부터 영원까지 계신 하나님, 온 우주만물을 창조하신 하나님.

3 : 모든 이방사람들과 절교하고 하나님의 말씀을 가까이 함.

4 : 자신들의 역사에 함께 하신 신실하신 하나님을 만나게 됨.

33과

2 : 모세를 통해 율법을 주신 하나님

3 : 이방인과 잡혼 금지(30절), 안식일과 안식년을 지킴(31절), 성전 세와 성물과 번제에 쓸 나무를 바침(32~34절), 모든 소산의 처음 것과 십일조를 바침(35~39절).

34과

1 : 예루살렘 성 봉헌식, 정결한 자세

2 : 장엄하게, 모든 영광을 하나님께 돌리는 신앙의 행위로 나타남

3 : 심히 즐거워함

4 : 하나님의 말씀대로 사는 헌신

35과

1 : 제사장 엘리아십이 내어 줌

2 : 도비야의 세간을 내어던지고 하나님의 말씀대로 사용하도록 함

3 : 마땅히 받아야 할 것을 받지 못함으로 성전을 떠남

4 : 모든 민장을 꾸짖고 레위인들을 불러 다시 세움
하나님의 말씀대로 십일조를 하도록 함

36-40과

36과
1 : 안식을 제대로 지키지 못하였음
2 : 안식일을 어기는 것은 악한 짓이라 꾸짖고 거룩히 지키도록 함
3 : 이방 여인을 취하여 결혼 함(출 34:15,16;신 7:3-하나님께서 금하신 것임)
4 : 단호하게 꾸짖고 하나님의 말씀대로 살도록 과감하게 조치함

37과
1 : 태초에-우주의 맨 처음.
2 : 여자의 후손을 통한 구원
3 : 본토 친척 아비 집을 떠나 하나님이 지시할 땅으로 가라.
4 : 땅, 큰 민족(자식을 주시겠다는 것), 복을 주셔서 복의 근원을 삼으시겠다고 하심.

38과
1 : 40일, 하나님 나라의 일을 말씀하심
2 : 해 받으신 후(3절)-십자가에 죽으신 후
몇 날이 못 되어 성령으로 세례를 받으리라 하심
3 : 조국 이스라엘의 회복(로마로부터의 정치적인 해방)
4 : 때와 기한은 아버지의 권한이라고 하시며 너희는 성령의 권능을 받고 땅 끝까지 내 증인이 되라 하심.

39과
1 : 감람원이라는 산으로부터 예루살렘으로 돌아옴. 감람원은 예루살렘으로부터 약1km 떨어져 있는 곳으로 제자들이 숨어 지낸 곳이었음.
2 : 다락에 모여 마음을 같이 하여 전혀(간절하게 꾸준히) 기도에 힘씀.
3 : 성령을 맞을 공동체의 준비가 되어있지 않았음. 가룟 유다로 인한 상처가 치유되지 않음.
4 : 수석제자 베드로의 리더십발휘, 베드로가 설교를 통해 말씀으로 문제를 깨닫게 함,
새로운 동역자를 세움.

40과
1 : 오순절날 - 구약에서는 유월절 7주후 다음 안식일, 즉 50일 되는 절기로 칠칠절, 맥추절, 초실절로 불리 움. 신약에서는 부활 후 50일 되는 날, 승천 후 10일이 되는 날.
급하고 강한 바람 같은 소리가 온 집에 가득하고 불의 혀같이 갈라지는 모양으로 각 사람위에 임함.
2 : 다 성령의 충만함을 받고 성령이 말하게 하심을 따라 다른 방언으로 말하기를 시작함.
3 : 사람에 대한 두려움이 없어짐, 말해야 할 것들을 담대하게 말하게 됨.
4 : 다 놀라 어리둥절하거나 새 술에 취하였다고 조롱함.

41-45과

41과

1 : 핍박 자, 스데반 순교의 주동자(행 7:58; 8:1)

2 : 대낮에 태양 빛보다 더 큰 빛으로 오사 말씀으로 계시하심.

3 : 핍박 자를 도우라하신 것에 대해 의아해 함.
세계선교를 위한 예비 된 그릇

4 : 사울을 형제라 부르며 안수하고, 주의 말씀을 전함.
사울이 눈을 뜨게 되었고 세례를 받음, 음식을 먹고 강건해짐.

42과

1 : 선지자와 교사들은 성경을 가르치는 선생이며, 교회의 지도자들이었다.

2 : 교회 지도자들이 출신성분에 상관없이 복음으로 하나가 되어 있는 모습으로
바나바는 부자이자 귀족, 시므온과 루기오는 검은색 피부 인종, 마나엔은 왕족, 사울은 청년 엘리트요 기독교 박해자.

3 : 금식하면서 성령의 뜻을 구하는 예배를 드림-'주를 섬겨' 라는 말은 예배를 말한다.

43과

1 : 유대인의 여러 회당에서 하나님의 말씀을 전함

2 : 바예수(예수의 아들이라는 의미의 아람어)라 하는 유대인 거짓 예언자 박수(마술사, 무당)의 방해를 받음, 성령의 충만함을 입어 책망함. 총독은 믿고 주의 가르침을 받음.

3 : 버가를 경유하여 비시디아 안디옥에 이름
유대인의 회당에 들어가 하나님의 말씀을 손짓하며 열정적으로 전함

4 : 몇몇 사람들은 바울과 바나바를 좇았으나 다수의 유대인들은 거절하고 핍박함
이방인들이 듣고 기뻐하며 믿음, 주의 말씀이 그 지방에 두루 퍼짐

44과

1 : 루스드라는 사도 바울이 죽음을 경험한 성이다(행 14:19~20).

2 : 어머니가 유대인이라 디모데는 유대인으로 인정받음.

3 : 비두니아로 가고자 하였으나 마게도냐로 가라하심.

45과

1 : 담대히 하나님 나라에 대하여 강론하며 권함 변론하며 간청함으로 가르침

2 : 제자들을 따로 세우고 2년 동안 날마다 강론함

3 : 구체적인 회개와 결단의 역사

4 : 말씀의 강력한 역사
세계의 중심 로마 선교의 비전

46-50과

46과
1 : 예루살렘으로 가실 때에 사마리아와 갈릴리지방의 경계지역에 있는 한 마을
열 명의 문둥병자를 낫게 하여주심.
3 : 사마리아, 큰 소리로 하나님께 영광을 돌리고 예수님의 발아래 엎드리어 사례함.
4 : 아홉을 찾으신 주님, 믿음으로 말미암은 구원

47과
1 : 고스–로도–바다라–베니게–두로–돌레마이–가이사랴
2 : 예루살렘에 들어가지 말라
3 : 예루살렘에 가면 유대인들이 결박하고 이방인의 손에 넘겨줄 것이라고 함
사람들은 예루살렘에 올라가지 말라고 함
4 : 주 예수의 이름을 위하여 결박 받을 뿐 아니라 예루살렘에서 죽을 것도 각오함

48과
1 : 죄수들.
2 : 바람 때문에 제대로 항해할 수 없는 상태(겨울에는 보통 항해를 하지 않음).
바울은 항해를 중지하자고 하였으나 선장과 선주는 뵈닉스에 가서 겨울을 나자고 하여 행선함.
4 : 거루(구명용 작은 배)를 보호하고, 스르디스(바다 가운데 있는 모래언덕)를 피하기 위해 연장을 내리고, 짐을 바다에 버리는 등 풍랑과 사투를 벌였으나 절망적인 상태가 계속되었음.

49과
1 : 토인들이 일행들을 영접하였고 바울이 독사에 물렸으나 조금도 상하지 않음.
2 : 섬에서 제일 높은 사람 보블리오의 부친과 사람들의 질병을 고쳐줌.
3 : 멜리데–수라구사(시실리의 수도)–레기온(이달리야의 끝에 위치한 항구)–보디올–로마
4 : 압비오 저자(압비오 도로에 있는 휴게소, 주변에 시장이 형성되었음. 로마로부터
약69km지점)와 삼관(일종의 여인숙/로마에서 약 53km지점)까지 마중을 나와 영접함.

50과
1 : 자신이 로마에 오게 된 이유와 쇠사슬에 매인 이유를 말함.
유대인들은 바울의 말을 잘 이해하지 못하였고 그의 사상이 어떠한지 알고 싶다고 함.
2 : 아침부터 저녁까지(10시간 이상) 하나님 나라를 증거하고 구약을 가지고 예수님을 전함.
믿는 사람도 있고 믿지 아니하는 사람도 있어 서로 맞지 않음.
3 : 선지자 이사야의 예언을 들어 완악함을 책망하고 복음이 이방인에게 전해질 것이라 함.
4 : 2년 동안 자기셋집(가택 구금됨)에서 자기에게 오는 모든 사람들에게 성경을 가르침.

51-52과

51과

2 : 왕과 백성들은 소동했고 종교지도자들은 무관심함

3 : 크게 기뻐하며 찬양하고 경배하며 예물(황금, 유향, 몰약)을 바침

52과

1 : 한 달란트 – 6000데나리온에 해당하는 화폐단위, 한 데나리온은 당시 노동자 하루 품삯
바로 가서 장사하여 다섯 달란트와 두 달란트를 각각 남김

2 : 착하고 충성된 종이라 하며 상급을 주심

3 : 땅을 파고 주인의 돈을 감추어 두었음

4 : 악하고 게으른 종이라 하며 벌을 주심

기독대학인회(ESF:Evangelical Students Fellowship)는 사도행전 1장 8절에서 선포되고 있는 예수님의 지상명령에 근거하여 캠퍼스 복음화를 통한 통일성서한국, 세계선교를 주요목표로 삼고 있는 초교파적 선교단체입니다.

ESP는 Evangelical Students Press의 약어로 기독대학인회(ESF)의 출판부입니다.

ESP(기독대학인회 출판부)는 다음과 같은 마음을 품고 기도하면서 일하고 있습니다.

첫째, 청년 대학생은 이 시대의 희망입니다.
둘째, 하나님 말씀인 성경을 사랑합니다.
셋째, 문서사역을 통하여 성경적 세계관을 정립해나갑니다.
넷째, 문서선교를 통하여 총체적 선교에 도움을 주고자 합니다.